东亚学书系

浙江越秀外国语学院出版基金资助

越国文化在东亚地区的传播研究

孙思佳 著

上海交通大学出版社
SHANGHAI JIAO TONG UNIVERSITY PRESS

内容提要

越国曾经是春秋时期的霸主,其灿烂辉煌的物质文明和精神文明构成了越文化最核心的内容。越国文化影响深远,不仅辐射到中国南方百越地区,还扩展到东亚、东南亚等地区。本书从文明互鉴的视角出发,以越国时代为背景,通过考察越国文化与日本、朝鲜半岛的文化关联,对越国文化的内涵,及其在东亚的传播等方面做出新的解读,客观地描述越国文化对东亚文明的发展做出巨大影响的事实。本书的研究不仅可以加深对越国文化的理解,更能加强东亚各国友好往来的纽带。

图书在版编目(CIP)数据

越国文化在东亚地区的传播研究/孙思佳著. —上海:上海交通大学出版社,2023.5
ISBN 978-7-313-28557-7

Ⅰ.①越… Ⅱ.①孙… Ⅲ.①文化传播—文化史—研究—中国—越国(? —前306) Ⅳ.①K225.03

中国国家版本馆 CIP 数据核字(2023)第 062448 号

越国文化在东亚地区的传播研究
YUEGUO WENHUA ZAI DONGYA DIQU DE CHUANBO YANJIU

著　　者:孙思佳	
出版发行:上海交通大学出版社	地　　址:上海市番禺路 951 号
邮政编码:200030	电　　话:021-64071208
印　　制:江苏凤凰数码印务有限公司	经　　销:全国新华书店
开　　本:710mm×1000mm　1/16	印　　张:12
字　　数:176 千字	
版　　次:2023 年 5 月第 1 版	印　　次:2023 年 5 月第 1 次印刷
书　　号:ISBN 978-7-313-28557-7	
定　　价:78.00 元	

版权所有　侵权必究
告读者:如发现本书有印装质量问题请与印刷厂质量科联系
联系电话:025-83657309

序

越国是世居中国长江下游地区的古老国族,与吴国本为同一民族,所谓"吴越为邻,同俗并土""吴越二邦,同气共俗",乃是吴越之间密切关系的客观记载。然而两国却干戈不宁,交相怨伐,越国曾一度臣服于吴。越王勾践经过"十年生聚,十年教训",终于灭掉吴国,使日益强壮的越国势力一度扩展至山东半岛,成为一代霸主。

越族依山傍海而居,"以船为车,以楫为马",8 000年前的萧山跨湖桥文化遗址出土的独木舟,以及7 000年前的余姚河姆渡、田螺山的河姆渡文化遗址出土的木桨及大量的海洋类动物骨殖和贝壳,便是最好的真实写照,反映出越族的文化区别于内陆地区,从广义的角度可归属于海洋文化。在7 000年前的新石器晚期阶段的河姆渡文化遗址中,农田和水稻栽培已经出现,而在四五千年前的良渚文化遗址中更是大量呈现,充分显示出以稻作农业为主的越国经济来源悠久。越国自允常称王起,艰苦创业,不断吸取徐、楚、吴等国的先进技术,并加以创新,农业、手工业及社会经济发展很快,军事实力大为提高。越王勾践折节下贤,改革图强的精神是构成越国地域文化的核心组成部分。越国成就霸业,有其坚强的社会经济做基础。以稻作农业为主的多种生产经营方式,颇具地方特色、种类丰富的青铜农具和名扬天下的越国宝剑精湛制作工艺,原始青瓷器的创制和烧造工艺,都是越国文化的最佳体现,充分展示了"务实创新"的越国文化精神的丰富内涵。

越国虽然偏处中国东南一隅,但其文化的传布影响很远,不仅折射到中原地区和长江中上游的楚国,以及南方百越地区,甚至还扩展到东亚地区。

越南出土的青铜时代文物,就明显带有越国文化的特色。越国文化不仅对朝鲜半岛和"一衣带水"的东邻日本,甚至对南岛语族地区,都产生过积极的影响,因此被学者称为"环中国海海洋文化圈"。本书作者以文明互鉴方式和中外文化互相影响的视角,选取越国文化在东亚地区的传布作为研究对象,不仅具有历史价值,更具有现实意义。

　　本书对越国文化的发祥基础,越国文化融入东亚文明的背景条件与路径,越人信仰与习俗在东亚的传播,越国的建筑、墓葬、玉石器、金属器文化在东亚的传播,凡此种种,都有很好的叙述和研究。阅读本书,不仅使读者能够很好地了解越国文化对东亚地区的传播影响,也可以加深对海洋人文背景下的越国文化理解。

　　我阅读书稿后,觉得作者具有敏锐的史学眼光,也能够很好地驾驭考古资料和文献。其勤奋努力,撰成此书,难能可贵。故赘上数语,是以为序。

曹锦炎

2022 年大暑时节于杭州西郊寓所

前　言

据有关资料记载,早在新石器时代,东亚的各个国家和地区间就有了往来。人们通过海路到达附近的小岛,并随着航海能力的提高逐渐踏上了较远的列岛和群岛,从而形成了一个较大的东亚海上交通网络。这一交通网的形成和发展,为该地域内各个国家经济、文化的发展奠定了重要的基础,同时也为这一地域内各个国家和民族之间经济、文化的传播交流创造了有利的条件。依靠着这一重要的交通网络,东亚各国逐渐形成了一种具有颇多共性的文化特色,在这个广袤的海陆区域内建构了东亚环海文化圈。

在东亚环海文化圈体系中,中国文化作为高势位文化长期以来处于主导地位,在不断向东辐射、渗透的过程中,深刻影响与支配了东亚其他国家文化发展的历史进程。而东亚其他地区在此过程中,则表现出对中国文化的认同、吸收和融合。值得注意的是,在中国文化东传过程中做出较大贡献的,是那些地处东南沿海的海岸地区。而在这一地区自古生活着一个叫"越"的民族,其最强大的一支建立了"越国"。

越国是有较翔实文献记载的浙江境内建立的第一个国家,是由繁衍生息在今绍兴地区的于越族所创造的。越国的历史起于夏末商初,灭亡于秦始皇统一中国,前后绵延约1400年。越国拥有独特而深厚的人文基础,孕育了灿烂辉煌的青铜文化、建筑文化和陶瓷文化等物质文明。春秋时期越王勾践"卧薪尝胆",终成就春秋霸业,不但树立了中国历史上的一个政治图腾,还为这里此后发展为中国的文化重镇和经济重镇打下了坚实的基础。

越国统治的主要区域,也就是今浙江省是中国古代海洋文明的发源地。

考古资料表明,越地先民的足迹早在史前时期就遍布东亚、东南亚、太平洋群岛等,并与这些地区的人民共同创造了璀璨的古代海洋文明,在广袤的环中国海区域内构建了多元文化互动的空间。

早在20世纪30年代,林惠祥、凌纯声、苏秉琦等先生就先后注意到东南古代早期文化因海洋人文特质、海洋联系而区别于北方中原华夏的大陆性文化①。林惠祥将包括越地在内的古代东南沿海与东南亚联系起来,首次提出"亚洲东南海洋地带"。之后,凌纯声通过民族学研究,提出"亚洲东南文化圈"的概念。2011年,厦门大学的吴春明先生基于百越与南岛语族的文化关联提出"环中国海海洋文化圈"②,将视角延伸至更广阔的海洋空间。这些概念的提出,无不说明了一个重要的问题,那就是靠海而居、善用舟楫的越地先民是亚洲海洋文明传播的先驱。

20世纪80年代,日本吉野里遗址的考古发现为研究古代中日文化交流掀开了重要篇章。安志敏先生分别通过《长江下游史前文化对海东的影响》《吉野里遗址与中国江南文化》等文论证了日本弥生文化与中国江南文化之间的密切联系。③之后,陈桥驿先生在《吴越文化和中日两国的史前交流》等文中进一步补充了安志敏先生的观点。④ 两位先生开创性的研究可以说填补了越文化海外传播的空白,具有非同寻常的价值和意义。此后,有关越文化与东亚的研究如火如荼地开展起来。其中,《浙江通志·越文化专志》非常系统地记录了越民族的形成与发展、越国文化的深刻内涵以及越文化与其他文化的交流。⑤ 虽然其中涉及越文化海外传播的内容以概述为主,但仍为越国文化的东亚传播研究提供了宝贵的资料。蔡丰明主编的《吴越文化的越海东传与流布》详实地记述了东亚环海文化圈体系下吴越文化对

---

① 林惠祥.台湾番族之原始文化[J].中研院社科所专刊:第三号,1930.凌纯声.中国古代海洋文化与亚洲地中海[J].海外杂志,1954(3).苏秉琦.略谈我国东南沿海地区的新石器时代考古——在长江下游新石器时代文化学术讨论会上的一次发言提要[J].文物,1978(3).
② 吴春明.从百越土著到南岛海洋文化[M].北京:文物出版社,2012.
③ 安志敏.长江下游史前文化对海东的影响[J].考古,1984(5).安志敏.日本吉野里与中国江南文化[J].东南文化,1990(5).
④ 陈桥驿.吴越文化和中日两国的史前交流[J]//陈桥驿.吴越文化论丛.北京:中华书局,1999.
⑤ 浙江通志编纂委员会.浙江通志:越文化专志[M].杭州:浙江人民出版社,2021.

日、朝的影响,是越文化海外传播研究的重要成果。①

越文化原本是指江南地区的于越部落先民留下来的文化遗存,然而在当代汉语语境中,越文化的内涵和外延越来越多元,甚至包括了古今绍兴文化、古今江浙文化等,许多有关越文化的研究越来越宽泛。事实上,越文化的核心就是越国文化。基于这个认识,本书以"越国文化"为题,旨在将研究置于"越国时期"这一时空框架内。

越国文化的巅峰在公元前500年至前300年之间,随着越王勾践称霸挺进中原,越国的版图得到了前所未有的扩大,越国文化对外传播就是在这样的历史背景下再一次推向了高潮。越国文化与东亚文化之关系,从系统论的角度看,前者是后者这个大系统中的一个子系统,但从文化传播的角度而言,越国文化在古代东亚文明形成的过程中扮演了极为重要的角色,不但对朝鲜半岛的文明进程产生了积极的影响,更是日本列岛从绳文时代过渡到弥生时代的重要推手。

越国文化的东亚传播是一个内涵深刻的课题,笔者主要依据考古发掘所出土的实物资料,参考古代文献的有关记载,用二重论证法进行研究,同时结合文化社会学、考古学、民俗学、历史学等学科进行综合剖析,力求客观地还原真实面貌。研究有两个重心,一是解读新的考古资料,补充越国文化的内涵,将越地先民创造的精神和物质文化之精华重新梳陈于世;二是讨论东亚地区对越国文化的吸收和消解,揭示越国文化对东亚环海文化圈的贡献,通过文明互鉴的方式,再现古代东亚地区文化交流和传播的景况。

本书分为七章。第一章讨论越国文化发祥基础,主要阐释越国文化从何而来、存在的历史空间范围和地域范围。第二章讨论越国文化融入东亚文明的历史背景和具体路径。第三章至第六章分别讨论越人信仰和习俗、越国建筑及墓葬文化、越国玉石器文化、越国金属器文化在东亚的传播。第七章概括了越国文化对东亚的贡献。

浙江所处的越地是中国古代历史与民族文化的一个重要而特殊的区域,古往今来发挥着不可取代的作用,不但是我国东南海洋文化对外传播的

---

① 蔡丰明.吴越文化的越海东传与流布[M].上海:学林出版社,2006.

窗口,更是唐宋时期海上丝绸之路、大航海时代的奠基者。浙江人文的根基是越国文化,越国文化既是中华优秀传统文化的重要组成部分,也是"长三角"区域文化的重要源头和内驱动力之一。党的二十大报告指出,要"推进文化自信自强,铸就社会主义文化新辉煌""全面建设社会主义现代化国家,必须坚持中国特色社会主义文化发展道路,增强文化自信"。本书的研究,对于增强历史自信与文化自信,弘扬越国文化、体认越国文化在当代中国"文化自信"建设中的地位,对彰显古代浙江在参与创造中华文明乃至东亚文明过程中发挥的具体作用,具有重要的意义和学术价值。

本书涉及区域包括整个东亚地区,内容繁多,难度很大,囿于笔者的学识,疏漏之处在所难免,希望得到各位方家斧正。

目 录

第一章 越国文化发祥基础 ~001
- 第一节 越民族的形成和分布区域 ~001
- 第二节 越民族的海洋文化特征 ~005

第二章 越国文化融入东亚文明的背景条件与路径 ~014
- 第一节 临海地缘优势 ~014
- 第二节 越人发达的造船技术 ~015
- 第三节 繁荣开放的港口 ~019
- 第四节 越人迁徙和移民 ~021
- 第五节 越国文化在东亚传播的路径 ~023

第三章 越人信仰与习俗在东亚的传播 ~027
- 第一节 日本的蛇信仰与百越的蛇图腾崇拜考略 ~027
- 第二节 稻作文化传播视域下朝、日鸟信仰对越地崇鸟文化的受容 ~045
- 第三节 日本早期文身习俗中越人文身文化的传入与融合 ~061

第四章　越国建筑、墓葬文化在东亚的传播　～072
第一节　印山越王陵：越国木构建筑技术与传承　～072
第二节　日本干栏式建筑的发现与认识　～083
第三节　朝、日坟丘墓与吴越土墩墓的同源关系　～091

第五章　越国玉石器文化在东亚的传播　～102
第一节　源远流长的越国玉石器文化　～102
第二节　日本神话中的玉与越人玉文化　～114

第六章　越国金属器文化在东亚的传播　～118
第一节　越剑铸造特色　～120
第二节　韩国上林里铜剑的越剑铸造传统　～128
第三节　越地考古新证：绍兴迪荡新城出土铁质农工具及意义　～136
第四节　从锻銎铁器看越国铁器制作技术对日本的影响　～151

第七章　越国文化对东亚的贡献　～167
第一节　促进古代东亚地区的发展　～167
第二节　在当代东亚文化交流中的作用　～169

参考文献　～171

索引　～175

后记　～178

第一章

越国文化发祥基础

越国文化作为一种民族文化是源远流长的,它的创造主体是先秦中国东南地区的于越族。与于越族关系密切的瓯越、姑蔑、干越、徐夷等民族,也共同参与了越国文化的创造。越国文化在越国时期一定程度上实现了本土民族与周边和外来民族的交融一体,较早实现了五族一体发展。

第一节 越民族的形成和分布区域

"越"为一支古老的部族,自史前起就生活在中国东南沿海一带。关于"越族"形成的历史记载几乎都出自华夏民族。在汉文典籍中,越族的发展大致经历了传说时代的"三苗"、商周时期的"越沤",他们可能是越族的先民。

传说中的"三苗"是典籍中出现最早的东南地区民族。《帝王世纪》卷二"五帝"载:帝尧时"诸侯有苗氏处南蛮而不服";《淮南子·坠形训》载:"自西南至东南方:结胸民,羽民,獾头国民,裸国民,三苗民。"《华阳国志·南中志》中记载西南地区"哀牢夷,皆穿胸",结胸民应该指的是西南地区的民族;徐旭生认为獾头国民、裸国民可能是华中地区的山地民①。那么按方位顺序来讲,三苗民很可能是东南民族。

---

① 徐旭生.中国古代的传说时代[M].北京:文物出版社,1985.

到了商周时期,华夏对东南地区的部族有了进一步的认识。《逸周书·王会解》载:"臣请正东符娄、仇州、伊虑、沤深、九夷、十蛮、越沤……正南瓯、邓、桂国、产里、百濮、九菌。"同书还记载:"东越海蛤,瓯人蝉蛇。""越沤"和"东越"为文献中明确出现的最早以"越"称谓的民族,应与越族先民有关。"瓯"应指浙江瓯江流域一带,包括今浙江的温州、台州、丽水等地。《山海经·海内南经》载"瓯居海中,闽在海中",说明瓯和闽都生活在靠海的地方。由商周时期的记载可见,越、瓯、闽等都是共存于东南的民族。

战国时期的《吕氏春秋》首次提到"百越"一词,《吕氏春秋·恃君篇》曰"扬汉之南,百越之际";《史记·秦始皇本纪》有"南取百越之地";《汉书·地理志》颜注也有"臣瓒曰:自交趾至会稽七八千里,百粤杂处,各有种姓,不得尽云少康之后也。"据《史记》《汉书》记载,周朝至汉朝时期活动于中国东南之江苏(南部)、浙江、福建、广东、广西、江西、湖南等地及东南亚半岛的"百越"支系有"(于)越""闽越""东瓯(越)""南越""西瓯""骆越""干越""扬越""滇越""夷越""腾越""雕题""儋耳"等。"百越"成了华夏汉人视野中生活在东南地区越族各个部族的代名词。"百"并不是实际的数量,而是指越族是个多元的民族集团,包含了东南不同地域的族群。

"东瓯(越)"活动于瓯江流域为中心的浙南地区,"闽越"的中心地带是闽江流域,合称"东越"。《史记·越王句践世家》载:"楚威王兴兵而伐越,大败越,杀王无疆。尽取吴地至浙江,北破齐于徐州。而越以此散,诸族子争立,或为王,或为君,滨于江南海上,服朝于楚……后七世,至闽君摇,佐诸侯平秦。汉高帝复以摇为越王以奉越后,东越、闽君皆其后也。"说明闽越、东瓯为越王勾践的子民。

"南越"为百越南支,其先民活动于以珠江三角洲为中心的岭南地区,即秦设之南海郡范围,但汉初南越王赵佗占据了秦设之桂林、象郡,即西江流域和今越南北部红河三角洲一带,地域范围达到"东西万余里"(《史记·南越列传》)。《汉书·地理志》载:"粤地,牵牛、婺女之分野也。今之苍梧、郁林、合浦、交趾、九真、南海、日南,皆粤分也。其君禹后,帝少康之庶子云,封于会稽。"

"干越"是居于赣鄱流域的百越的一支。《史记·货殖列传》载:"革、鲍、木输会也。与闽中、干越杂俗,故南楚好辞,巧说少信。"《太平御览·州郡部》引韦昭汉书注:"干越,今余干县越之别名。"

"扬越"居于湘、鄂之间的东部,为楚、越杂处之地。《战国策·秦策》:"吴起为楚悼罢无能,废无用……南攻扬越,北并陈蔡。"

"西瓯""骆越"是岭南西部即今广西到越南北部的百越支系。《史记·南越列传》载:"佗因此以兵威边,财物赂遗闽越、西瓯、骆,役属焉,东西万余里。"西瓯活动于南岭以南、南越族以西,今广西东部的西江干流和北部的桂江流域,骆越活动于左右江流域所在的广西西南部和红河下游所在的越南北部。其中,骆越先民曾在红河下游的越南北部建立强大方国,但最终为南越王赵佗所灭。

"滇越""夷越"等是川、滇、黔高原所在西南地区的百越支系。《史记·大宛列传》载:"(昆明)其西可千余里,有乘象国,名曰滇越,而蜀贾奸出物者或至焉。"《三国志·诸葛亮传》载:"跨有荆益,保其岩阻,西和诸戎,南抚夷越。"

"雕题""儋耳"是海南岛的越人。《山海经·海内南经》载:"离耳国、雕题国、北朐国,皆在郁水南,郁水出湘陵南海。"晋郭璞注记:"锼离其耳,分令下垂以为饰,即儋耳也。在朱崖海渚中。"《汉书·贾捐之传》:"初武帝征南越,元封元年立儋耳、珠崖郡,皆在南方海中洲居……骆越之人父子同川而浴,相习以鼻饮,与禽兽无异,本不足郡县置也。"可见海南也有"骆越"的足迹。海南的骆越在秦朝时并入南越,汉属儋耳、珠崖郡。

"于越"活动于今浙江绍兴为中心的宁绍平远及相邻的杭嘉湖一带,也称"越",应是商代"越沤"的直系后裔,百越中最古老的一支。《竹书纪年》"周成王二十四年"曰"于越来宾";《春秋左传集解》"定公五年"载"于越入吴"。说明于越早在两周时期就是百越中的一支。《吴越春秋·越王无余外传》载:"越之前君无余者,夏禹之末封也。……禹以下六世,而得帝少康,少康恐禹祭之绝祀,乃封其庶子于越,号曰无余。"后二十余世,历殷商至周敬王时,有越侯夫镡,子曰允常,拓土始大,称王。公元前497年,越王允常去世,子勾践接位。翌年,吴王阖闾伐越,勾践被迫出兵与吴军战于槜李,败吴师,阖闾被越将射伤脚趾,毒发身亡于陉。夫差接吴王位。勾践、夫差均想北上中原称霸,于公元前494年发生吴越战争。越败,勾践率五千残兵败将,保栖会稽山城(今绍兴会稽山),险些覆亡。后来勾践采纳了文种、范蠡的意见,贿赂吴太宰伯嚭,屈辱求和,于公元前492年,携妻子、范蠡等一行人质于吴。三年,得而返国。从公元前490年起,勾践决心以古越这片土地为基础,实行"内饰兵政,外事诸侯"的政策,进行灭吴雪耻、角逐中原的伟大计划。经过"十年生聚,十年教训",终于在公元前473年灭了吴国,报了会稽之耻。平吴之后,勾践以兵北渡淮,与齐、晋诸侯会于徐州,并致贡于周。周元王使人赐勾践胙,封为伯。公元前468年,勾践由会稽迁都琅琊。越兵横行于江、淮东,号称霸王,诸侯毕贺。公元前465年,勾践卒,子孙代代相传。据《越绝书》记载,勾践子兴夷,兴夷子子翁,子翁子不扬,不扬子无疆,这四代都还称霸。朱勾是继越王勾践后最为能干的越君,统治中原37年。朱勾于公元前412年死,传位给儿子翳。其前期亦称强大,于公元前404年灭缯。后来迅速衰落,原因是周边国家,如齐、鲁、楚等国的崛起,加上连年战伐,国力渐见空虚,宫廷内讧加剧,谋杀事件迭起。到了公元前334年,"楚威王兴兵而伐之,大败越,杀王无疆,尽取吴故地至浙江",而越以此散。无疆失国之后,越国残余势力散居于钱塘江以南的宁绍平原上。公元前319年,据《史记·六国年表》载:楚在广陵筑城,以防越。可见楚在取得吴国故地后,还不得不提防越国东山再起。越国及其部族的最终沦亡是在秦王嬴政时,即公元前222年,秦统一中原之后,派大将王翦攻下江南,降越君,越遂灭。

  商周时期东南有"吴""越""粤""瓯""闽"等诸族文化,"越"本是商周时期居于江浙一带的"蛮"族支系,而战国以来东南民族都成为"越"的一支,这说明周秦间发生了因江浙"越"的迁徙并与各地世居民的融合、生成百越民族的历史事件。商周以前诸蛮文化发展水平不一,其中越民族的文化成就最高,至少在周代已有越国之建立,这就决定了在东南诸蛮内部的文化互动中,越民族处于优势地位。这也成为越国文化向周边地区扩散的原动力。

  于越族创建的越国,经过千年的存续所达到的文化成就为后世所公认。越国文化的核心内涵就是由于越族创造的,在春秋战国时期达到巅峰,这个文化的中心地带就在今浙江绍兴一带。越国覆灭后,随着汉文化的覆盖,越国文化作为曾经灿烂繁荣的主体文化已不复存在,但在百越后裔中还能看到些许遗风。至今在百越地区仍不同程度地遗留下越或具有越国文化特征的考古遗迹、族群文化、民俗景观、语言形态等。因此,"越国文化"的中心区域是我们研究的主要研究对象,同时也不应忽视散落在百越地区的文化遗存。

第二节 越民族的海洋文化特征

20世纪50年代凌纯声先生提出"亚洲地中海文化圈"的探索。他将中国文化分成西部"大陆文化"和东部"海洋文化"两个源头。[①] 1979年,苏秉琦先生也指出,"我国历史地理,在某些意义上,大体可以分为两大部分——面向海洋的东南部地区和面向亚洲大陆腹地的西北地区"。[②] 2011年,吴春明先生进而提出"环中国海海洋文化圈"的概念。越人的海洋文化与中原地区的内陆文化是两个不同的系统,它们都是中华文明的重要组成部分。

海洋文化是越民族区别于内陆型文化的最重要特征。《越绝书·越绝外传记地传》载:"夫越性脆而愚,水行而山处,以船为车,以楫为马,往若飘风,去则难从。"《淮南子·主术训》载:"汤武圣主也,而不能与越人乘舲舟而浮于江湖。"《淮南子·齐俗训》载:"胡人便于马,越人便于舟,异形殊类。"说明越人自古以来就是临水而居、靠海而生的民族,与中原地区的骑马文化是判然有别的。与封闭的内陆农耕文明相比,越文化更具有开放性的一面。

越人活动范围近海,优渥的地理环境为越人提供了丰富的海洋活动

---

① 凌纯声. 中国古代海洋文化与亚洲地中海[J]. 海外杂志,1954(3). 吴春明. 从百越土著到南洋海岛文化[M]. 北京:文物出版社,2012.
② 苏秉琦. 略谈我国东南沿海地区的新石器时代考古——在长江下游新石器时代文化学术讨论会上的一次发言提纲[J]. 文物,1978(3):40.

空间,孕育了独具特色的海洋文化。越人"断发文身""裸以为饰"的海洋民印象,与华夏汉民的"衣冠"精神截然不同,构成了越国文化发展的人文基础。

所谓断发,即"剪发使短,冒首代冠,而不束发加冠之意"①。《说文》载:"断,截也。"文献中对越人断发的记载很多,如《墨子·公孟》"越王勾践,剪发文身",《春秋左传》"仲雍嗣之,断发文身,裸以为饰,岂礼也哉",《史记·越王句践世家》"越王勾践……文身断发,披草莱而邑焉",《史记·吴太伯世家》"太伯、仲雍二人,久犇荆蛮,断发文身",《论衡·四讳篇》载太伯之语:"吾之吴越,吴越之俗,断发文身。"《淮南子·齐俗训》有云:"中国冠笄,越人劗发。"《吴越春秋·吴王寿梦传》载吴王梦寿语:"孤在夷蛮,徒以椎医之俗。"由此可见,断发是越人特殊的习俗。越人将头发剪短之后,大致形成两种发式:一是"被发",即散发,不加结束,任其自然;一是"椎髻",是一种加以结束的发式。

关于越人"椎髻",最早的文献是关于吴王寿梦元年(前585年)会鲁成公于钟离的事。寿梦会鲁成公于钟离时说:"孤在夷蛮,徒以椎髻为俗"②。王充说:"南越王赵佗,本汉贤人也,化南夷之俗,背叛王制,椎髻箕踞,好之若性"③,"凡交趾所统……项髻徒跣,以布贯头而著之"④。

文献记载的越人习"椎髻""束发"之俗的,在越地的考古出土资料中也得到印证。绍兴市漓渚镇中庄村坝头山北坡发现春秋时代青铜鸠杖,现藏绍兴市柯桥区博物馆。杖镦下为一跪坐人像,双目平视,双手放置膝部。跪俑额上短发对分,束发于脑后,带辫髻,锸一支双股发笄(图1-1)。

绍兴坡塘乡狮子山306号墓出土春秋时代的伎乐铜屋模型(图1-2),现藏浙江省博物馆。屋内共六人,两人束发于顶,另有四人结发于脑后,前额上均有剪短的刘海(图1-3)。

---

① 陈国强,蒋炳钊,吴绵吉,等.百越民族史[M].北京:中国社会科学出版社,1988:51.
② 赵晔.吴越春秋[M].贵阳:贵州人民出版社,2008.
③ 王充.论衡[M].长沙:岳麓书社,2006.
④ 范晔.后汉书[M].北京:中华书局,2000.

第一章 越国文化发祥基础

图1-1 青铜鸠杖
(绍兴市柯桥区博物馆提供)

图1-2 伎乐铜屋
(浙江省博物馆提供)

图 1-3 伎乐铜屋
内的乐伎
（浙江省博物馆提
供）

绍兴市博物馆收藏一件春秋悬鼓人物纹环座（图 1-4），通高 8 厘米，环径 9 厘米，边长 10 厘米，由头背相依、面朝外的四个跽坐铜人组成，髻顶，留有一圈剪短的头发，是典型的越人断发形象。

图 1-4 悬鼓人物
纹环座
（绍兴市博物馆提
供）

绍兴市平水镇上灶出土两件战国时代的玉雕人像（图1-5），现藏绍兴市博物馆。人像立体圆雕，高1.7厘米，宽0.7厘米，厚0.4厘米；跽坐式，脚尖和膝部着地，双手紧扣于腹前，面部表情丰富，双目平视前方；发式清晰，前后留短发，露出发端，发端刻画清晰，单圆髻于头顶。

图1-5 玉雕人像（绍兴市博物馆提供）

2014年绍兴钢铁厂旧址出土一件战国时代青铜武士骑马俑（图1-6），现藏绍兴市越中艺术博物馆。俑通高9.6厘米，长8.5厘米，宽3厘米，底座宽4.8厘米；通体青铜髹漆，造型为武士站立于马背上，身着长袍，双手前伸于胸前，紧握一琮式祭器，似作祭祀礼；马呈站立状，四腿立于青铜基座，马首正视前伸，双耳竖立，马尾较短粗，呈卷曲状。该马造型线条流畅，五官肌肉刻画精细，颈脊部鬃毛刚劲有力，从整体比例观察，四腿稍短，从品种分析，似为早期驯化种马形态。人物体貌特征：圆脸，宽额，眼眶较圆钝，宽鼻翼，宽颧面，颧骨明显，前额留短发至脑门，后脑披发至肩背。

图1-6 青铜武士骑马俑
（绍兴市越中艺术博物馆提供）

从这些越地出土的文物中我们发现,所谓的断发,往往是椎髻束发、前刘海后披发的形式为多见。对越人断发的具体形式,学界有不同的意见。有学者认为,这是由于地域性的差别和族别的不同造成习惯不同。"楚之东为断发文身之民,楚南及西为椎髻之民",即南越、西瓯和骆越皆为"椎髻"之族,他们"与吴、越闽、瓯之断发文身"不相同[1]。这一看法,从目前已见的资料看似乎难以解释。在楚之东的句吴（即吴国）和于越地区,春秋战国时代的文献中"断发"和"椎髻"的情况都有记载;在广西贵县罗泊湾的汉墓中,"被发"和"椎髻"的图像是共存于一号墓中的。

另有专家认为,断发是越人自古以来的习俗,而椎髻则是春秋之后才开始出现的。甚至椎髻之俗不一定是越人本身产生的习俗,而是受外来影响的结果[2]。就已知的考古发

---

[1] 蒙文通.越史丛考[M].北京:人民出版社,1983:19-24.
[2] 陈国强,蒋炳钊,吴绵吉,等.百越民族史[M].北京:中国社会科学出版社,1988:55.

掘资料来看,这种观点也有费解之处。早在河姆渡遗址中我们就发现刻有精巧的几何形图案装饰的骨笄(或可称骨簪)①。良渚文化中也发现了冠形器,极有可能就是簪、笄之类饰件②。可见椎髻是越人先民中流行的样式,并不是因为受到其他民族的影响才形成的风俗。

而笔者认为,土著先民断发最初的目的是"避蛟龙之害",后有可能发展为越人特有的一种成年礼俗。就如同越人的拔牙之俗一样,到一定的年纪必须行断发之礼,这是必行的"成人礼",此后,则随着男女之别、社会地位差异等情况,选择椎髻、束发等不同样式。总之,断发有别于中原地区的带冠之俗,是越人特定的习俗。

关于越人文身的记载也有很多,《论衡·书虚篇》记载:"禹时,吴为裸国,断发文身,意以为饰。"《战国策·赵策二》载:"被发文身,错臂左衽,瓯越之民也。黑齿雕题,鳀冠秫缝,大吴之国也。"

1982年3月,绍兴坡塘乡狮子山306号墓出土春秋时代凤鸟纹铜插座(图1-7),现藏浙江省博物馆。座体四角以跪俑为垫脚,跪俑双手两膝着地,引颈昂首,头戴翘角状额饰,通身饰文身(图1-8)。

图1-7 凤鸟纹铜插座
(笔者摄于浙江省博物馆)

---

① 现藏于河姆渡遗址博物馆。
② 林华东.良渚文化初探[M].杭州:浙江教育出版社,1998:339.

图1-8 凤鸟纹铜插座底部跪俑
（浙江省博物馆提供）

绍兴市柯桥区博物馆藏青铜鸠杖底座的跪俑也是典型的文身饰样（图1-1）。证明文身的确是越人独特的身体装饰艺术。

关于断发文身之俗的起源，古人多以"避害"为释，《淮南子·原道训》："九疑之南，陆事寡而水事众，于是民人被发文身，以象鳞虫。"高诱注："被，剪也。文身，刻画其体，内默其中，为蛟龙之状，以入水，蛟龙不害也。故曰以象鳞虫也。"《汉书·地理志下》："其君禹后，帝少康庶子云。封于会稽，文身断发，以避蛟龙之害。"应劭注："常在水中，故断其发，文其身，以象龙子，故不见伤害也。"《说苑·奉使篇》："处海垂之际，屏外藩以为居，而蛟龙又与我争焉，是以剪发文身，烂然成章，以象龙子者，将避水神也。"这些记载道出一个重要的信息，即文身的参照物是海龙（蛇），文身习俗与近海生活空间息息相关。

关于越人"裸体"印象，《列子·汤问篇》有云："南国之人，祝发而裸。"张湛注："断截其发而裸身。"《左传·哀公七年》云，子贡对吴太宰伯嚭说："太伯端委，以治周礼，仲雍嗣之，断发文身，裸以为饰。"孔颖达疏曰："裸以为饰者，裸其身体以文身为饰也。"王充在《论衡·书虚篇》中也提道:"禹时,吴为裸国,断发文身。"在《恢国篇》中又说:"夏禹倮入吴国。"观察铜屋模型可知(图1-3),在房屋室内有六个乐俑,均未见其身上有衣着痕迹,身后股沟明显,四个乐工胸前平平,似为男性,两名歌者前胸有明显乳突,应为女性。这可以认为是越人裸俗的一个考古实证。

  断发文身、裸以为饰是越人在长年累月的海洋生活环境中形成的习俗,是印刻在其身上的海洋文化特征。正是这种开放的海洋文化造就了越人扬帆远航、勇于开拓的冒险精神,也是越人开创海洋文明的重要基础。

第二章

越国文化融入东亚文明的背景条件与路径

越人凭借濒临大海的地理特点,以大海为依托,开辟了以海上交通为主要手段的文化交流通道,越国在文化辐射和传播中的窗口作用不言而喻。海洋文化的开拓性和创新性是大陆文化所不具有的。有学者指出:"就海洋文化的运作机制而言,是它的对外辐射性与交流性,亦即异域异质文化之间的跨海联动性和互动性……海洋文化从总体上来说不是囿于一城一处的文化,人类要借助于海洋的四通八达,把一城一处的文化传布于船只能布达的四面八方,并由异域的四面八方再行传承播布开去。"[1]

第一节 临海地缘优势

作为中国东南沿海的一个海岸地带,越国文化在对外传播方面具有独特的地理优势。我国东南沿海有绵长的海岸线,呈现出向外凸展的扇面地形面貌。浙江沿海自北向南排列着众多的海湾,它们依次为杭州湾、三门湾、台州湾、隘顽湾、乐清湾、温州湾。除了海湾,海岸线上还分布着大大小小近千个岛屿,由北向南依次排列着嵊泗列岛、鱼山列岛、东矶列岛、台州列岛、玉环岛、洞头岛,还有中国最大的群岛舟山群岛等一系列大型岛屿。这些海湾和岛屿不仅是往来船只的栖息地,还是越国与邻国互动交流的海上交通枢纽。

---

[1] 曲金良,山曼,马英杰,等.海洋文化概论[M].青岛:海洋大学出版社,1999:11.

从地理方位看,越地约处于东经 120 度、北纬 27 至 31 度的位置,与朝鲜半岛和日本列岛相隔不远。从舟山群岛出发至日本长崎大约 800 公里,至朝鲜半岛南部大约 500 公里。这样相对较近的地缘特点为人们提供了越海交流互动的可能性。

季风和洋流也为越人进行海上活动提供了有利条件。舟山群岛东北部的嵊山、花鸟岛一带,是三条水线的交汇处,钱塘江径流沿纬度向东,而长江则偏南向东流出,两条径流在舟山群岛北部相汇。春夏潮汛之时,径流与退潮合成一个强大的向东流动力,径流至花鸟岛以东,与自南向北的黑潮暖流、自北向南的黄河冷水团交汇。[①] 而黑潮暖流也是非常重要的一条海上通道。黑潮暖流又称"日本暖流",是地球上的第二大暖流。黑潮流速非常大,速度约为每秒 1~2 米,厚度 500~1 000 米,宽度 200 多公里,最大海水流量达每秒 6 500 万立方米。它起源于菲律宾群岛的吕宋岛以东海区,流经台湾一带后继续北上,主流继续向东北方向流动,到日本群岛东南岸后与南下的千岛寒流汇合转而向东,其中一条分支流经浙闽沿岸流向黄海海域,形成"黄海暖流",另一条分支形成"对马暖流",流向朝鲜半岛南部和日本九州,最后流入日本海。

优渥的临海地缘、与东亚邻国较近的地理关系,以及季风和海流,是越人探索海洋的重要条件保障。考古资料显示,早在新石器时代,越人先民就利用这个优势直接漂流到了日本的九州等地。

第二节 越人发达的造船技术

越人舟楫的历史是源远流长的。浙江河姆渡遗址目前发现了 6 支独木桨,浙江萧山跨湖桥遗址发现了 8 000 年前的独木舟(图 2-1),独木舟残长 5.6 米,宽 0.53 米,深 0.2 米。余杭茅山遗址、余姚施岙古稻田遗址也陆续发现独木舟,田螺山遗址出土了 7 000 前的木桨,还出土了一件木舟模型

---

① 蔡丰明.吴越文化的越海东传与流布[M].上海:学林出版社,2006:9.

(图2-2)。该木舟模型长35.5厘米,宽10厘米,厚6厘米,可以看出那时的木舟已脱离了原始舟楫的形态,在造型上与现在的船十分接近。

图2-1 跨湖桥遗址出土的独木舟
(笔者摄于浙江省博物馆)

图2-2 田螺山遗址出土木舟模型
(引自中国园林网)

越国先民聚居中心地绍兴地处东南沿海,海域广阔,境内江河纵横,湖泊星罗棋布,素称"水乡泽国"。《淮南子·齐俗训》云:"胡人便于马,越人便于舟。"《越绝书·越绝外传记地传》形容越人"水行山处,以船为车,以楫为马,往若飘风,去则难从"。这说明南北因地理环境不同,使用的交通工具也判然有别。"往若飘风"可理解为船只行驶的速度不小,且航行没有遇到太大阻力;"去则难从"说明航行主要依靠风,很难把握方向，可以认为这是越人舟楫的初创阶段。聚居绍兴的越族部落分散落户于江河湖泊之间，日常生活和联络离不开舟楫，有了舟楫之便，不仅捕渔业得以迅速发展，而且扩大了同四邻部落的联系。一开始越人由于生产、生活的需要而创造了比较小巧灵便的独木船，即古书所谓"刳木为舟""剡木为楫"。因为地多水泽，故人多习于舟楫，这是很自然的。

到了越国时期，越国的造船业不断壮大发展。《艺文类聚》卷七十一引《周书》载："周成王时，于越献舟。"这说明早在公元前11世纪，越国的造船技术就处于领先水平。《竹书纪年》记载，襄王七年（前312），越王派人至魏国献"舟三百只"。"三百"说明春秋战国时期越国的造船技术更加成熟，且产量极高。当时越国还设有舟室、石塘、防坞、航坞等场所专门用于大规模造船。《越绝书·越绝外传记地传》载："舟室者，勾践船官也，去县五十里"，"石塘者，越所害军船也。塘广六十五步，长三百五十步。去县四十里。防坞者，越所以遏吴军也。去县四十里。杭坞者，勾践杭也。二百石长，员卒七士[十]人，度之会夷。去县四十里。"

越国出色的造船技术以及全面发展水陆交通的思想意识是春秋战国之际越灭吴的关键所在。《越绝书·越绝外传记地传》载："勾践伐吴，霸关东，从琅琊起观台，台周七里，以望东海。死士八千人，戈船三百艘。"《史记·越王句践世家》载："（句践）乃发习流二千人，教士四万人，君子六千人，诸御千人，伐吴。"所谓"习流"即是"水师"。吴地居苏南，越处浙北，两国因为争三江五湖之利，相互攻伐，生死决战，无不在水上进行，如笠泽之战、夫椒之战、携李之战、干遂之战等，似乎胜败也都取决于水战。《国语·吴语》记载，当夫差北上中原，赴黄池会时，越王勾践用舟师走水路偷袭取得胜利。该书还记载了吴越最后的一场决战，吴军在江北，越军在江南，舟战于江，吴军三战三败。上述两例，充分说明越国水师的规模和战船在作战中发挥的重要作用。因此，水师应是吴越相争的主要军种，而"战船"则是运载军队、运输军需的重要工具，是为军事服务的。

航运史研究者提出，"越国所造的船型颇多。海、河通用的有余皇、楼船、须虑、戈船、大翼、中翼、小翼、木浮及方舟等"，"吴国造船业也不逊于越国，主要船型除余皇、楼船、大翼、中翼、小翼外，还有突冒、桥船、令船等"，

"越灭吴后,两国造船技术进一步融合,船型也跟着同化。战国时期,原吴国的船型已成为越国造船的主要船型"①。这些船型的名目,《北堂书钞》卷一百三十七"大翼小翼"条引《越绝书》逸文载,阖庐[间]见子胥:"敢问船运之备何如?"对曰:"船名大翼、小翼、突冒、楼船、桥船。今[令]船军之教,比陵军之法,乃可用之:大翼者,当陵军之重车;小翼者,当陵军之轻车;突冒者,当陵军冲车;楼船者,当陵军之行楼车也;桥船者,当陵军之轻足剽定骑也。"可见越人所造战船形式、功能多样,可满足战时的各种需要。

其中"大翼"船的数量和规模十分可观。宋《太平御览》卷七百七十亦引《越绝书》逸文载:"大翼一艘,广丈六尺,长十二丈。容战士二十六人,棹五十人,轴护三人,操长钩矛斧者四,吏、仆射长各一人,凡九十一人。当用长钩矛、长斧各四,弩各三十二,矢三千三百,甲、兜鍪各三十二。""大翼"船"折合成今日的米制,大翼长27.6米,宽3.68米"②,足见这种大型战船体量庞大,具有很强的战斗力。

此外,楼船也是一种重要的大型战舰。所谓"楼船"始见于吴、越两国的水师,盛传于后世,如《史记·南越尉佗列传》"江淮以南楼船十万师"往讨南越,《史记·平准书》"楼船,高十余丈,旗帜加其上,甚壮",《通典》卷六十四"鼓吹车"条曰"上施层楼,四角金龙衔流苏羽葆,凡鼓吹陆则楼车,水则楼船"。从这些记载来看,楼船整体造型蔚为壮观,就像一个漂浮的碉堡,与陆地上的楼车一样,有多层甲板,可容纳整个军队,高高飘扬的旗帜,昭示着海洋霸主的地位,让人望而生畏。

越国发达的造船工业不但为军事发展提供了源源不断的动力,而且促进了生产,满足了生活的需要,更重要的是加强了越族与周边各地区各民族的交流,推动了社会经济的发展。越国舟楫文化的影响深远,不仅在民族交流与对外交流方面起到十分积极的作用,还为之后汉唐时期海上交通的大繁荣打下了坚实的基础。汉唐以来,尤其是唐宋以后,随着中原北方汉人的大规模南迁,因汉武帝灭东南两越王国、大量内迁越人而出现的东南"地广

---

① 吴振华.杭州古港史[M].北京:人民交通出版社,1989:25—26.
② 席龙飞,杨熺,唐锡仁.中国科学技术史:交通卷[M].上海:上海科学技术出版社,2004:28.

人稀"的局面有了根本的改变,南迁的汉人带来内地先进的生产技术,促成南方社会经济的飞速发展,导致了中国经济重心南移,海外交通发展崛起,"海上丝绸之路"出现,"大航海时代"到来。这其中,汉人所取得的海洋文化成就与越地先民早期海洋文化之间的历史传承关系是不容忽视的,长期以来东南海商的海洋冒险精神也是越地先民"善于用舟""力海为田"之族群心理的积淀与传承。

第三节 繁荣开放的港口

越国在长期的海洋文明浸润下,逐渐形成了几个十分重要的港口,肩负起对外经济交流、文化交流的重要使命。董楚平指出:"春秋战国时期,我国有五大港口,碣石(今河北秦皇岛)、转附(今山东烟台)、琅琊(今山东青岛)、会稽(今浙江绍兴)、句章(今浙江宁波)。这五大港口连接了全国海路交通。五大港口中,浙江占了两个。公元前473年,越灭吴后,迁都琅琊。这样,五大港口,越有其三,越国几乎控制了全国海运事业。"[①]

会稽港在文献中没有明确记载,但经研究发现,会稽港是越国主要的军事港,从具体范围和主要设施来看,"西线即《越绝书·越绝外传记地传》所载'大船军所置'浙江南路西城,亦即固陵城堡之下的军港;中线'去县五十里',有舟室;东线'去县四十里',则有石塘、防坞、杭坞等,主要都在今杭州萧山和绍兴柯桥境"[②]。

句章港为春秋时期越王勾践所建,是一个沟通余姚江和甬江的港口,位置在今宁波江北区乍山乡,距离宁波市区22公里。秦始皇时期在这里设置句章、鄞县和鄮县三县,其中鄮县地处句章以东、鄞县以北的鄮山之北。《舆地纪胜》卷十一"鄮山"引《十道四蕃志》载:"以海人持货贸易于此,故此名山。"鄮山如字面意思,是一个贸易活动很频繁的地方,可以想象这三地构成

---

① 董楚平.吴越文化新探[M].杭州:浙江人民出版社,1988:278.
② 浙江通志编纂委员会.浙江通志:越文化专志[M].杭州:浙江人民出版社,2021:231.

了一个古代贸易中心。与其他古代港口不同的是,句章港自建港以来一直是我国对外贸易的主要港口。它之所以能长盛不衰,一是因为港口禀赋好,是天然的深水良港;二是地理位置佳,处在南北洋交界点,港口腹地广阔,水系发达,交通便捷。

琅琊港位于今山东青岛市黄岛区琅琊镇。今天的琅琊码头之侧,竖立着一块巨大的石碑,上书"徐福东渡起航处"几个大字(图 2-3),说明琅琊港在古代就是一个重要的港口。在越王勾践迁都此地之前就曾发生过大规模的吴、齐两国的海战。这场海战被认为是"中国历史上有确切记载、可以考证的第一场大规模海战,也是东亚和太平洋地区第一场大规模海战"。《史记·秦始皇本纪》载:"三十七年(前 210年)……上会稽,祭大禹,望于南海。……还过吴,从江乘渡,并海上,北至琅琊。"说明这是一个连通水路和陆路的交通要塞。而到了唐宋时代,琅琊港在我国海岸线上依然享有盛誉。

图 2-3 徐福东渡启航处石碑
(笔者摄于琅琊台风景区)

越国繁荣开放的港口是越国文化与他文化交流的重要窗口,不仅如此,几个港口直到汉唐乃至今日仍长盛不衰,说明汉唐-唐宋时期海外交通发展和崛起的基础在于越人创造的海洋文化。越人在我国东南海洋文化史以及海外交通史的形成中起到了奠基作用。

第四节 越人迁徙和移民

越人迁徙的历史可以追溯到远古时代。正如陈桥驿先生指出的那样,要考虑一个地区的文化,必须与该地区的古代自然环境相结合。[①] 造成人群迁徙的原因有很多,其中生存环境的变化是很重要的一个因素。根据陈桥驿的研究,在漫长的历史发展过程中,宁绍平原一带曾发生过三次海进,第一次是星轮虫海进(asterorotlia),发生在距今 10 万年前,接着是距今 4 万年前的假轮虫海进(pseudorotalia),到了距今 8 000 前,发生了卷转虫海进(ammonia),这次海进在距今 7 000~6 000 年时到达最高峰,今钱塘江以北,会稽、四明诸山山麓冲积扇以北,成为一片浅海。[②] 三次海进都改变了聚居在宁绍平原先民的生活环境,是发生人群移动的最主要因素。而值得注意的是最后一次卷转虫海进时古越先民的大规模迁移。陈桥驿认为,这次人群大规模流动,一部分是利用原始的独木舟或木筏漂向琉球、日本南部、南洋群岛、中南半岛和今中国南部各省;另一部分则越过钱塘江到达今浙西和苏南的丘陵地带,即后来的句吴;还有一部分在北部丘陵如杭坞——马鞍山丘陵、翠屏山丘陵和东部的舟山丘陵聚居,在海进全盛时期就成为岛民。[③]

而到春秋战国时期,由于诸侯争霸、连年战争,于越民族经历了四次比较大的迁徙,越国文化从中心区域向四周扩散就是人群移动的结果。文献中有许多关于越人迁徙的记载。

[①] 陈桥驿. 评《浙江文化史》——兼论古代越史中的几个问题[J]. 浙江学刊,1993(2).
[②] 陈桥驿. 历史时期绍兴地区聚落的形成与发展[J]. 地理学报,1980(1).
[③] 陈桥驿. 越族的发展与流散[J]. 东南文化,1989(6).

一、越国迁都琅琊

《越绝书·越绝外传记地传》云:"勾践伐吴,霸关东,从琅琊起观台。台周七里,以望东海。死士八千人,戈船三百艘。"这是关于勾践灭吴后北上迁都琅琊之事。《山海经·海内东经》云:"琅琊台,在渤海间,琅琊之东。"晋郭璞注:"今琅琊在海边,有山嶕峣特起,状如高台,此即琅琊台也。琅琊者,越王勾践入霸中国之所都。"《墨子·非攻中》曰:"东方有莒之国者,其为国甚小,间于大国之间,不敬事于大,大国亦弗之从而爱利。是以东者越人来削其壤地,西者齐人兼而有之。计莒之所以亡于齐越之间者,以是攻战也。"莒的国都在今山东莒县,正位于琅琊之西。据林华东考证,山东"胶南市博物馆所藏青铜兵器,发现剑刃多作两度弧曲,形制与越王剑相同,青铜矛骹部末端呈双叉形,显属越式兵器"①。据《史记·越王句践世家》载,越王勾践迁都琅琊之后,越军渡淮南,以淮上地与楚,归吴所侵宋地于宋,与鲁泗东方百里,并说越兵横行于江、淮东。由此,越国进入鼎盛期,疆域随着勾践称霸中原进一步扩大,东至海,北至今山东西南部,西到淮河流域与长江中游的部分地区,南到江西、福建的北部,两浙和江苏大部分是基地,山东、安徽、湖北、湖南、江西、福建都是其势力范围。

二、走南山

《越绝书·越绝外传记地传》载:"楚威王灭无疆,无疆之侯窃自立为君长,之侯子尊时君长,尊子亲失众,楚伐之,走南山。"公元前262—252 年,楚考烈王并吞了越琅琊,北方的于越居民进行了"走南山"的迁徙。南山是会稽山的别称,"走南山"就是回到了浙东的会稽山老地盘,包括浙南山区、江西、福建的北部,仍然是越国的势力范围。

---

① 林华东. 越国迁都琅琊辨[J]. 中央民族学院学报,1989(1):15.

三、楚灭越，越以此散

《史记·越王句践世家》载："（而）越以此散，诸族子争立，或为王，或为君，滨于江南海上，服朝于楚。"说的就是公元前334年楚灭越后，楚取得了吴越故地，越人四散奔逃，但其残余势力还未消散，一时又没有一个能统率的领袖，于是暂时分裂成若干支族，有的自立为王，有的向楚俯首称臣。在这个过程中，越人四散到当时楚威王时期楚国的势力范围一带，包括吴、越古地，南起岭南，北至今河南中部、安徽和江苏北部、山东西南部。

四、秦攻越，越遂灭

秦统一六国后，公元前219年派50万大军分五路征战百越。《淮南子》记载，秦军共分五路，一路攻打闽越（浙南、闽北），另四路次第进兵南越、西瓯（今两广地区）。越人进一步逃亡至岭南、西南腹地。

不难看出，无论是史前时期还是历史时期，自然环境的变化、连年的战争是造成越人迁徙的主要因素。越来越多的考古证据证实了越人迁徙有路陆和海陆两种方式，其结果就是越国文化随着人群的移动扩散到内陆腹地以及东南亚和东亚的广泛地区。尤其是历史时期的四次人群移动，是越国文化在这些区域内传播的高潮，其中对东亚地区的辐射尤为强烈，不但对朝鲜半岛的文化产生了广泛的影响，还直接触发了日本弥生文化的生成。越地优渥的地理位置和越人靠海而生的人文特征，促使其成为古代东亚最早探索海洋的民族之一。可以说，越人的迁徙是越国文化在环中国海范围内传播的前提，也是讨论越国文化与古代东亚文化关系之基础。

第五节　越国文化在东亚传播的路径

讨论越国文化在东亚的传播，就要厘清越国文化与朝鲜半岛、日本列岛文化之间的关系。

有关这三者的关系,学术界的争论由来已久,但有一点是明确的,那就是江南地区的越人是东亚地区稻作文化的传播者。至于稻作文化传播到东亚地区的路径,中外学者认为主要有三条:

(1) 华北路线:从中国江南地区经过山东半岛、辽东半岛向北到达朝鲜半岛,再经由对马岛、壹岐岛到达九州岛北部。

(2) 华中路线:从中国江南越过东海直接北上到朝鲜半岛南部,向东达九州岛北部。

(3) 华南路线:从江南地区经过冲绳等南部诸岛到达九州岛。

陈文华根据芋类作物栽培等因素支持第一种说法①,安志敏根据干栏式建筑等日本弥生遗址的江南因素支持第二种说法②,林华东则分不同时期对江南地区稻作文化向外传播的方向性赞成第三种说法③。三种路线都各有支持者,而笔者认为前两条路线是主线,在此谈一点自己的思考。

关于第一条路线:首先,在史前时期,新石器时代越人典型的生产工具有段石锛,在辽东半岛和朝鲜半岛均有发现,④说明早在史前时代,长江下游到渤海湾就可能存在一条海上通道。其次,越国曾迁都到琅琊,走的是海路,山东半岛西南部也有与越国文化相同的因素,再加上越人发达的舟楫文明和精湛的航海技术,还有季风和洋流的作用,从海路抵达朝鲜半岛并不难。最后,我们可以反向思考,如果从江南地区向朝鲜半岛有海上通道,那么反之从朝鲜半岛也可以顺利抵达江南地区。以支石墓的传播为例,支石墓是朝鲜半岛史前就出现的墓葬形式(图2-4),一直延续到大约两汉时期。支石墓由墓葬内部地面、葬坑、支石和盖石构成。支石是支撑盖石的石头,营造出非封闭的空间。这种墓葬形式以朝鲜半岛为最多,据金贞姬的调查,仅在全罗南道就有支石墓11 102座⑤,这是一个庞大的数字,说明这个时期支石墓是朝鲜半岛最主要的墓葬形式之一。大约同时期处于弥生文化的日

---

① 陈文化.中国稻作起源的几个问题[J].农业考古,1989(3):84-98.
② 安志敏.长江下游史前文化对东海的影响[J].考古,1984(5):439-448.
③ 林华东.中国稻作农业的起源与东传日本[J].农业考古,1992(1):52-59.
④ 林惠祥.中国东南区新石器文化特征值——有段石锛[J].考古学报,1958(3).
⑤ 金贞姬.朝鲜半岛支石墓研究的最新动向及成果[J].亚洲巨石头文化,1990.

本,仅在九州岛西北部的弥生文化遗址中有少量发现(图2-5)。① 而中国浙江省也发现了不少西周早期至春秋晚期的支石墓,据统计,有54座②。这些支石墓,日本和朝鲜半岛的形制基本相同,但浙江省的与前两者不完全相同。从数量上来说,朝鲜半岛的支石墓显然要远远多于其他两地,说明支石墓很可能是从朝鲜半岛扩散到日本列岛和中国江南地区的。

图2-4 韩国全罗南道碧松里支石墓
(引自《先秦时代中国江南和朝鲜半岛海上交通初探》③)

图2-5 日本弥生文化时期支石墓
(引自《弥生文化 日本文化的源流》④)

---

① 大阪府立弥生文化博物馆.弥生文化 日本文化の源流[M].東京:平凡社,1991:46.
② 毛昭晰.先秦时代中国江南和朝鲜半岛海上交通初探[J].东方博物,2004(1).
③ 毛昭晰.先秦时代中国江南和朝鲜半岛海上交通初探[J].东方博物,2004(1):7.
④ 大阪府立弥生文化博物馆.弥生文化 日本文化の源流[M].東京:平凡社,1991:46.

此外,浙江大学韩国研究所"中韩跨海竹筏漂流学术探险"活动已经充分证实了"浙江的青瓷工艺就是通过张保皋的海上航线传到韩国去的历史事实"①。金健人先生在论文中也提到了这个活动,并指出"据朝鲜半岛和日本列岛的考古发现来看,利用船只有目的有计划地沿海岸线从中国南部航行到朝鲜半岛南部再到日本列岛,当不晚于韩国时期,相当于公元前3世纪左右"②。

关于第二条路线:发源于河姆渡文化的干栏式建筑在日本九州岛北部弥生文化遗址多有发现,如佐贺县的吉野里遗址、福冈县的吉武高木遗址和平塚川添遗址等。这种建筑形式最早发现于绳文时期晚期,是日本弥生时期村落建筑中常见的一种形式,这应是越人建筑文化向东传播的结果。而在同一时期的朝鲜半岛却只发现两例③,在与朝鲜半岛接壤的辽东半岛以及隔海相望的山东半岛都未有所见。说明越人并不是经由朝鲜半岛将干栏式建筑文化传播到日本,而通过东海直接传播的可能性更大,朝鲜半岛则是航行途中偶然抵达,并非直接目的地。由此可见,一定存在着一条海上通路可以从江南地区经由东海到达九州岛,而朝鲜半岛则是这条航线的中转站。

此外,锻銎铁器是战国时期越国典型的铁器制造工艺。日本的锻銎铁器最早发现在绳文时期,在弥生时代广泛流行。而朝鲜半岛的锻銎铁器也与日本同时期开始流行④,那么几乎同一时期流行的工艺要互相传播的可能性很小,说明这是由越人通过东海直接传播到日本的。

至于第三条路线,在第一章第一节"临海地缘优势"中也充分讨论过季风与暖流对越族迁移的影响,这些路线对应黑潮暖流北上后的分支,理论上完全存在可能性。

事实上,我们发现朝、日对越国文化的受容程度是不同的。原因在于朝鲜半岛与中国东北部接壤,自古以来受北方文化影响根深蒂固;而日本自远古起就不断接纳越族移民,因而日本列岛文化与越国文化达到高度融合就不足为怪了。

---

① 千勇.浙江大学古代中韩海上交流史研究评述[J].韩国研究,2014(12):378.
② 金健人.浙江与韩国的历史交往[J].当代韩国,1998(2):52.
③ 西谷正.大型建物の源流——韓国建築[C]//「文明のクロスロード・ふくおか」地域文化フォーラム.福岡からアジアへ——弥生文化の源流を探る.福岡:西日本新聞社,1993:128.
④ 云翔.战国秦汉和日本弥生时代的锻銎铁器[J].考古.1993(5):463.

第三章

越人信仰与习俗在东亚的传播

信仰和习俗既是一种文化形态,又是一种历史载体,其中包含着及其丰富的历史信息。特殊的生存环境和厚重的历史文化底蕴孕育了越人丰富的原始信仰,还形成了与中原汉人全然不同的习俗。对比日、朝的古代信仰和习俗,我们发现有许多共同之处,这说明东亚文化之间有一定的亲缘性,反映了古代文化交流的历史动态。

第一节 日本的蛇信仰与百越的蛇图腾崇拜考略[①]

"图腾(totem)"一词是从北美印第安语音译而来,其真正意思是"他的亲族"。1903 年,严复翻译英国学者甄克思所著《社会通诠》时,首次将"totem"音译为"图腾"。马克思在《摩尔根〈古代社会〉一书札记》中指出,图腾"是表示一个氏族的标记或符号,例如,狼是狼氏族的图腾"。图腾崇拜属于原始宗教信仰的范畴,是一种特殊的社会意识形态,主要盛行于原始社会,人们往往选择与他们生活关系最密切的某种动植物作为图腾崇拜的对象,并以这些动植物的名字来标记自己的氏族。世界上有很多国家和地区不同程度地存在蛇崇拜现象,譬如"古代希腊、罗马、埃及、印度、东南亚、日本、美洲等许多地区都存在着有关蛇类的千奇百怪的神话传说、形形色色的

---

① 孙思佳.日本的蛇信仰与百越的蛇图腾崇拜考略[J].语言与文化论坛,2020(4):48-58.

崇拜与禁忌"①。

一、越人蛇图腾

越人的图腾是蛇,蛇图腾的影响力持久而深远,甚至到近代都还能寻得蛛丝马迹。

越人生活的百越地区湿润多雨,适于蛇类繁衍生息,而蛇又有极强的繁殖力和攻击力,越人崇拜蛇就成了极为普遍的现象。久而久之,越人就以蛇为本氏族的标记。这在古代典籍中多有记载,现摘录如下:

《山海经·海内经》称南方有神焉,"人首蛇身"。许慎《说文解字》曰:"闽,东南越,蛇种","蛮,南蛮,蛇种"。《淮南子·原道训》曰:"九嶷之南,陆事寡而水事众,于是民人被发文身,以象鳞虫。"高诱注:"文身,刻画其体,内黥其中,为蛟龙之状,以入水蛟龙不害也,故曰以象鳞虫。"《汉书·地理志》云:"文身断发,以避蛟龙之害。"颜师古注引应劭言:"越人常在水中,故断其发,文其身,以象龙子,故不见伤害也。"《国语·吴语》称吴王阖闾"欲并大越,越在东南,故立蛇门……越在巳地,其位蛇也,故南大门上有木蛇,北向首内,示越属吴也"。《吴越春秋·阖闾内传》也记,吴"立阊门者,以象天门,通阊阖风也。立蛇门者,以象地户也。阖闾欲西破楚,楚在西北,故立阊门以通天气。因复名之破楚门。欲东并大越,越在东南,故立蛇门以制敌国。……越在巳地,其位蛇也,故南大门上有木蛇,北向首内,示越属于吴也"。按照方位越在吴之东南,在十二地支中属巳,据《论衡·物势》云"巳"位与"蛇"相配。尽管这与古代堪巫术有关,但明显是将蛇作为越国的标志,这是越族蛇图腾崇拜的实证。

考古学资料显示,越人蛇图腾崇拜最早在良渚文化陶片的几何印纹中就有所体现。据著名学者陈文华研究,"几何形印纹陶纹样是蛇的形状和蛇的斑纹的模拟、简化和演变,其原因是由于陶器主人(古越族)对蛇图腾的崇拜"②。

---

① 郑岩.从中国古代艺术品看关于蛇的崇拜与民俗(上)[J].民俗研究,1989(3):37.
② 陈文华.几何印纹陶与古越族的蛇图腾崇拜——试论几何印纹陶纹饰的起源[J].考古与文物,1981(2):44-49.

蛇崇拜习俗绵延千年,春秋战国时期的印纹陶、原始青瓷、青铜器、玉石器等珍贵文物中,多见具有图腾崇拜标记物的蛇图像或装饰题材。

越人常将蛇图腾表现在带钩上,如现藏于绍兴市越中艺术博物馆的一组春秋战国时期青铜蛇形带钩(图3-1、3-2、3-3),蛇形钩首刻画精美、栩栩如生,钩身上刻满蟠虺纹。这类带钩是钩挂腰带的钩子,为古代上层人士必备之物。《孙子兵法·九地》载:"故善用兵者,譬如率然。率然者,常山之蛇也。"这里所说的常山位于浙江省西部,在战争频发的春秋战国时代,越人骁勇善战,称霸一方,在他们的意识中,带钩是个人身份、地位、权力的象征,同时也具有善于用兵、骁勇善战的内涵。

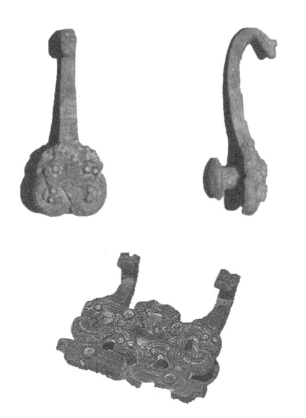

图3-1 "越王嗣旨不光"铭文青铜蛇形带钩
(绍兴市越中艺术博物馆提供)

图3-2 双龙(蛇)首青铜带钩
(绍兴市越中艺术博物馆提供)

图3-3 蛇形青铜带钩
(绍兴市越中艺术博物馆提供)

绍兴市平水出土的战国时代玉雕双人像(图3-4),通高4厘米,宽2.2厘米,厚0.4厘米。双人呈并行站立状,圆脸,两侧各饰一耳,前额依稀可见短发,发至项部,通身着长裙,束腰,饰以腰带,下摆宽大,饰以空白和内填细方格纹相间的方格纹,两袖也饰以此纹;双手外露,左右相握。双人头顶蟠虺,蟠虺呈弯曲状,头尾各连接一人。这是典型的越人图腾崇拜形式。

图3-4 玉雕双人像
(越中艺术博物馆提供)

绍兴市塔山工地出土一件"上将军"铭文铜饰(图3-5)。

器呈扁状长方形，其上浅浮雕缠绕纠结、两相对应而成的蛇纹，右边阴刻"上将军"等文字；两侧共有8个小圆孔，似为镶嵌件。据推测，此为越国范蠡遗物。勾践灭吴后，曾任命范蠡为上将军。

图3-5 "上将军"铭文铜饰
（引自《论越族的蛇图腾崇拜及遗俗》①）

江苏省无锡市鸿山越国贵族墓出土的原始青瓷插座（图3-6）、青瓷鼓座（图3-7）、硬陶插座（图3-8）、琉璃釉盘蛇玲珑球形器等，雕刻精美，蛇的形象栩栩如生。

图3-6 原始青瓷插座　　图3-7 青瓷鼓座　　图3-8 硬陶插座
（以上三图引自《越国原始瓷装饰与蛇图腾意象解析》②）

---

① 林华东.论越族的蛇图腾崇拜及遗俗：中国柯桥第五届浙江省社会科学界学术年会分论坛越文化暨遗产保护利用学术论文集[C].杭州：西泠印社出版社，2021：57.
② 王汇文.越国原始瓷装饰与蛇图腾意象解析[J].史论空间，2011：94.

百越后裔还继承了丰富的蛇图腾文化,如海南黎族借助文身样式表现出的蛇图腾文化(图3-9)。宋代范成大所著《桂海虞衡志》即有相关记载:"女及笄,即黥颊为细花纹,谓之绣面。"关于黎族蛇祖传说与蛇纹,亦有"'斜形文素'甚似蛇身纹样,故而得名'蚺蛇美孚'"之说①。越人文身以示自己为蛇之同类,意在寻求彼者保护。就这一意义而言,黎族的黥面当然是越族文身习俗的延续。时至今日中国东南地区还留存着蛇崇拜习俗,比如高山族的许多日用陶器、竹木器具、建筑屋饰、服饰等物质与崇蛇习俗有关,排湾人的一些村社将灵蛇、蛇神、蛇卵作为人的祖先,闽中地区有许多祭祀"九使蛇神"的神庙等。

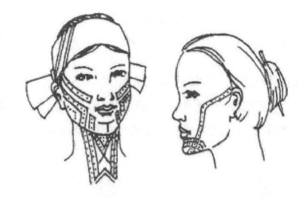

图3-9 海南黎族蛇形文身
(引自《"南蛮蛇种"文化史》②)

百越的蛇崇拜体现出厚重的文化传承,特别是百越后裔各少数民族,基本上保留了蛇图腾文化的初始形态,这就形象地表明蛇信仰是越国文化基因中的重要组成部分,经过千百年以来的传承和发展,其外在形态尽管不断流变,但是其文化基因却不会有任何改变。

---

① 王学萍.中国黎族[M].北京:民族出版社,2004:244-260.
② 吴春明."南蛮蛇种"文化史[J].南方文物,2010(2):95.

三、日本原始蛇信仰中越人崇蛇信仰的融入

在日本,蛇崇拜从绳文时代①发轫,经过弥生时代②的发展,作为一种普遍的信仰融入日本人的观念中并传承下来,至今仍有诸多与蛇有关的神话传说、民间习俗在日本广为流传,蛇及其图腾甚至被作为神祇供人敬拜。倘若我们对日本的蛇崇拜现象追根溯源的话,便会追溯至远古时期越地的蛇图腾崇拜。

在没有文字记录的史前或早期历史时,人类往往把对于自然的感受和认识刻画在物体上。史前陶器的装饰艺术中,某些纹样就蕴含了特殊的原始信仰,成为探索文化起源的重要对象。蛇的具象化图案出现在日本陶器中的历史可以追溯至绳文时代中期(距今5000~4000年),这一时期的长野县藤内16号住居遗址中发现了一具绳文中期前半期的女性陶俑(图3-10),其整体呈板式,有突出的乳房,头部盘有蝮蛇。绳文中期的日本尚处于母系氏族阶段,因此该时期出土的陶器中,用以表现人类的陶俑往往以女性居多,其突出的乳房表达了女性是孕育生命的本源,暗示了女性所拥有的神秘力量。绳文人把女性作为神的化身,其时还出现了能通神事的巫女。就生态学意义而言,蛇的蜕皮新生、20小时以上长时间交尾以及大量繁殖的生物特性,表现出强大的生命力,而蛇的剧毒可致人死,更使人产生敬畏之心。绳文人把蛇装饰到作为女性神象征的女性陶俑头上,赋予其神圣的至高地位。显然,这是把蛇崇拜与生殖崇拜相关联,在巫术盛行的时代,人们用这种方式获取生存和繁衍的力量。

无独有偶,山梨县安道寺遗迹一号住居遗址出土的绳文时代中期的有孔敞口陶器(图3-11),腹部则用堆塑工艺装饰着一条盘踞的蝮蛇,蛇头向上昂起,呈三角形,蛇身刻满十分细小的圈,以示蛇皮上的花纹。这个纹样立刻就让人联想起台湾排湾人的陶器上类似的图案。众所周知,排湾人是

---

① 绳文时代始于公元前12000年,于公元前300年结束,是日本石器时代后期。
② 弥生时代始于公元前300年,于公元250年结束,相当于中国战国秦汉时期。

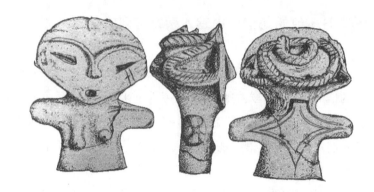

图3-10 头戴蝮蛇的女性陶俑
（引自《蛇》[1]）

图3-11 有孔敞口土器
（笔者摄于日本山梨县盐山市安道寺遗迹）

越人的后裔，视百步蛇为图腾，以蛇为祖先之化身，至今仍保留着鲜明的蛇信仰习俗。吴春明认为，他们的室内摆设和各种生活用具都不同程度地装饰蛇纹（图3-12）[2]。这些盘蛇尾部弯曲盘踞，蛇身上刻画着百步蛇独特的三角形花纹，尖锐的头部昂然上冲，其沛然而生的力量感让人为之心惊。厦门海峡两岸博物馆馆藏的台湾排湾人祭典用蛇纹陶壶（图3-13），其壶腹部左右则堆塑两条百步蛇，呈盘踞而上之势，蛇的双目炯炯有神，整体形制与日本的蛇纹土器颇为相似。

---

[1] 吉野裕子. 蛇[M]. 京都：人文書院，2007：63-72.
[2] 吴春明. 从蛇神的分类、演变看华南文化的发展[J]//考古学研究：九. 北京：文物出版社，2012：677-678.

图 3-12 排湾人器具装饰的蛇纹（引自《"南蛮蛇种"文化史》[1]）

图 3-13 排湾人祭典用蛇纹陶壶（引自中国文物网）

日本绳文时代中期的陶器中，除了有具体的蛇形态表现外，还有一些抽象化的纹样。譬如井户尻考古馆藏绳文时代中期的人面香炉形陶器（图 3-14），其形象为孕育火神的女性神，正面是典型的绳文陶俑中女性的面孔，腹部中空，用于燃火；后背左右两个大圆孔与青蛙的眼睛相似，故称之为"蛙纹"，圆孔之间迂回弯曲的纹样，酷似蛇盘旋而上的姿态。陶器上同时出现的蛇和蛙，当然是一种生命力的象征。蛇经蜕皮后重生，青蛙经冬眠后再生，这种顽强的生命力与陶器内点燃的火相重合，孕育在女性神的腹腔内，明白无误地表现了绳文人的生殖崇拜。

---

[1] 吴春明."南蛮蛇种"文化史[J].南方文物，2010(2):96.

图 3-14 人面香炉形陶器
（笔者摄于日本井户尻考古馆）

正面　　　　背面

此外，女性神脑后有多处类似云雷纹的纹样，显然是盘旋于女性神头部之蛇这一形象的简约化或抽象化。杨建芳认为，云雷纹的原型是自然界的蛇①。其实，在古越族聚居的今江苏南部和浙江北部地区曾产生良渚文化（距今5 300～4 300年），良渚文化的陶器、玉器上也曾大量出现云雷纹。例如上海青浦福泉山遗址 M65 号墓出土的良渚文化陶壶残片，"其通体刻满盘蛇纹，并在蛇身和空白处刻有许多云雷纹"（图3-15）②。事实上，良渚文化的陶器中有不少写实或接近写实的蛇形图案，与云雷纹相得益彰，形成一组特殊的陶器装饰艺术，充分反映了越人的蛇崇拜习俗。

图 3-15　上海青浦福泉山 M65 良渚文化陶壶残片
（引自《福泉山——新石期时代遗址发掘报告》③）

---

① 杨建芳.云雷纹的起源、演变与传播——兼论中国古代南方的蛇崇拜[J].文物，2012(5)：31-35.
② 黄宣佩.福泉山——新石期时代遗址发掘报告[M].北京：文物出版社，2000：100-112.
③ 黄宣佩.福泉山——新石期时代遗址发掘报告[M].北京：文物出版社，2000：100-112.

中日早期陶器中蛇形纹样的相似性，印证了两地的崇蛇文化存在着同源关系。通过追溯古越人迁徙和流散的历史背景，结合越人早期舟楫考古资料的考证，可以发现早在新石器时代甚至更为久远的往昔，古越人就运用航海技术到达日本列岛，不难发现日本原始蛇信仰中已然融入了越人崇蛇文化的因素。

由此可见，日本早期文化的产生受到了越人早期信仰文化的影响，原始的蛇信仰与越人的崇蛇文化有一脉相承的亲缘性。这一时期的蛇信仰与当时人类在充满危险的生活环境中产生的原始思维方式相适应，是人类对大自然早期认识的朴素反映。那个时代的人们经常遭受毒蛇猛兽的侵扰，出于恐惧或敬畏的心理，同时也为求得安宁的生活和繁衍的力量，他们主动与具有神秘力量的蛇建立亲近关系，将人类想象为它们的同类，以此寻求心灵的慰藉和寄托，这就是原始蛇信仰最核心的内涵。

三、稻作文化传入对日本崇蛇习俗的影响

日本的原始蛇信仰发展至绳文末期，出现了较大变化，这种变化的产生源于百越先民所带来的稻作文化的影响。早在大约4000年前（相当于日本的绳文末期），北方旱作畜牧民大举南下，长江流域各部族被驱赶流散。据《史记·五帝本纪》载："三苗在江淮、荆州数为乱。于是舜归而言于帝，请流共工于幽陵，以变北狄；放驩兜于崇山，以变南蛮；迁三苗于三危，以变西戎；殛鲧于羽山，以变东夷；四罪而天下咸服。"在这次大逃亡过程中，湖南澧阳平原的稻作民逃亡至云贵山地，而沿海地区的吴人、越人则出海逃亡至台湾岛乃至日本列岛等地。此后的春秋战国时期，列国争霸连年激战，越王勾践于公元前494年败于吴王夫差，险些举国覆亡，经过"十年生聚，十年教训"，于公元前468年称霸天下。越王无疆后于公元前334年败于楚国，于是越国分崩离析。至公元前222年，秦统一中原之后，又大举攻下江南，降越君，越灭亡。秦施暴政，生灵涂炭。汉朝建立后，"汉武帝好武喜功，东征西战，仅中国沿海一带就有攻闽越（前138，今福建一带），击南越（前112，今广东

广西一带),平东越(前 110,今浙江一带)"①。持续四五百年之久的战乱,造成了百越族民一次又一次的集团性大移动。

也是在这一时期,稻作文化随着越人东渡而传入日本列岛,这不仅打破了绳文人的生活方式,更是大幅度推动了当地的文明进程,促进以农耕社会为中心的日本弥生文化的形成。关于这一点,中日学者已从考古学、人类学、历史学等角度做了大量论述。尤其是佐藤洋一郎的稻种 DNA 分析和筱田谦一的人类 DNA 分析②,为这一观点增添了实证。随着农耕社会的发展,弥生人大量开垦田地、种植水稻,在这一过程中饱受鼠患所扰,而蛇是老鼠的天敌,因此人们便把蛇当作象征谷物丰收的社稷神一般敬拜。于是,人们开始饲养蛇、祭祀蛇,而祭祀的地点则多种多样,或于森林,或入山岳,或在屋内,此后,祭祀蛇神就成为日本人生活中重要的民俗流传下来。

譬如土室祭便是日本长野县诹访上社的冬祭。土室是延续自绳文时代竖穴居室的一种建筑,也是专门为祀奉蛇神而建的小型圆锥形土屋。《诹访神道缘起》就记载了诹访的祭蛇民俗:冬祭从每年的 12 月开始,至翌年 3 月,人们把稻草做成的蛇放置土屋内供奉。元旦那日深夜,人们在土屋进行占卜等巫术,祭祀开始初日,在土屋中放入小型稻草蛇,其后逐次调换成体型较大的稻草蛇,最后一次则放入身长五丈五尺、身围八寸的大蛇。就这样,稻草蛇便人为地完成了"蜕皮"和"生长"这一过程。由此可见,稻草蛇象征着社稷神,蛇神的生长寓意着稻作增产丰收。而每年的 3 月是播种的季节,人们通过从元旦持续到次年春天这长达 3 个月的祭祀,寄托了对禾稼年丰的虔诚祈愿。

在这一时期,日本的蛇信仰文化内涵日益丰富,蛇除了是社稷神的化身,还作为山神、海神受人尊拜。据《常陆国风土记》所载,所驭天皇(5 世纪的继体天皇)治世时期,常陆国行方郡有一名叫箭括氏麻多智的人,他在芦苇之地开垦新田时遭到"夜刀神"(蛇神)的反对。其时,夜刀神聚集而来,左

---

① 金健人. 日本稻作民源于中国吴越地区[J]. 浙江社会科学,2001(5):140.
② 篠田謙一. 日本人の祖先[M]. 東京:NHK 書店,2007. 佐藤洋一郎. 稲の文明史[M]. 東京:角川書店,2022.

右设障,阻挠箭括氏麻多智耕种。于是箭括氏麻多智大怒,身披甲胄,手执大杖,打杀驱逐,把夜刀神赶到山口。他挖沟竖标,对夜刀神说:以沟和标为界,"自此以上为神地,自此以下须作人田,自今以后,吾为神祝,永代敬祭,冀勿祟勿恨"[①]。依其所言,箭括氏麻多智设立神社,子孙世代祭祀夜刀神。

显然,随着农田不断地被开发,伴随而来的就是自然环境的大规模破坏。人们把蛇驱逐上山,从此人神分界,世代对蛇加以"敬祭"。因此,蛇神亦被看作山神的化身。据说,三轮山祭祀的神明"大物主神"的本体就是蛇。

日本奈良县东南部樱井市的"大神神社"是日本最古老的神社之一,祭祀的是附近三轮山的神明大物主神。有关大物主神是神蛇的传说有几个版本。据《日本书纪》记载,大物主神夜访倭迹迹日百袭姬的闺房,当被要求露出真面目时,他百般拒绝,却实在拗不过百袭姬的好奇心,便让她于翌日清晨看收纳盒,届时百袭姬打开收纳盒一看,却发现是一条小黑蛇。此外,辻本好孝的《和州祭礼记》中记载的有关"庄严讲"的神事活动,充分反映了人们的山神崇拜。其大意概括如下:

> 矶城郡织田村大字茅原有一种叫作"庄严讲"的神事活动,曾把载有庆长十五年正月十一日之神事以及参与人员名单的书卷放入箱中,箱子周围用绳子缠绕七圈半,放置于祭坛之中。此箱被视为三轮明神的分灵,人们朝夕各拜一次,持续一年。此箱之所以用绳子外绕七圈半,是因为据传三轮山的明神是"巳"(蛇),它的身体盘绕在三轮山上,正好七圈半。于是,人们借此把供奉明神分灵的箱子视作三轮山,把绳子想象成大蛇。

由此可知,三轮山其外观看似一座圆锥形的山,宛若一条盘踞而上的巨蛇。蛇的这种盘踞形态与上古时期用来烧饭的甑倒置过来的样子极为相似,因此被称为"甑立"。有趣的是,日本人将有神灵的山称为"神奈备"山,

---

[①] 王海燕.从神话传说看古代日本人的灾害认知[J].浙江大学学报(人文社会科学版),2014(4):198.

而所有"神奈备"山无一例外地都具有圆锥形这一外形特征,这显然与蛇"甑立"的形象有关。蛇"甑立"的形象似乎是蛇神的"正位",具有一种不可冒犯的威严感。这一点,我们可以从神社前供奉的蛇神像中得到更为真切的感受。

佐太神社位于日本岛根县出云市,社神前供奉的则为海蛇神(图3-16)。其整体呈盘踞状,蛇尾从盘踞的蛇身中间遒劲有力地直冲而出,头部从盘绕着的蛇身中上挺,身体上部向前探出,双目如炬,嘴巴狭长微张,露出两排尖利的牙齿,其威严神武之势让人颇为震撼。神社以"柏扇"为神体,将扇子的纹样作为神纹。该神社最大的祭祀活动是每年十一月二十五日的"忌祭"。据说在这一天,出云的每个海湾都会出现龙蛇。这是一种背黑腹黄,尾部托着神扇的海蛇,为海神的使者,同时也是忌祭的主角。由此可见,除了社稷神、山神外,日本人还把蛇神作为海神加以供奉,显然,蛇神也是日本人海洋信仰的重要组成部分。

图3-16 佐太神社蛇神图
(引自《蛇》①)

① 吉野裕子. 蛇[M]. 京都:人文書院,2007:63-72.

另一方面,在中国,蛇神是蛇图腾文化中最核心的部分,其在百越社会中源远流长。相较于一海之隔的日本,供奉蛇神、祭祀蛇神等民俗活动更为广泛地留存于百越人的生活之中。譬如,海神祭祀主要流行于福建、台湾、广东、广西、香港等地,这些地区的沿海地带曾出土刻有蛇的岩画,与蛇纹并出的大部分图纹是与水有关的圆圈纹、圆涡纹、波浪纹等,"绘制这些岩画的意义就在于镇住水患,祈求水神的护佑"①。再如福建沿海的东方海神"妈祖"以及岭南西江流域和珠江流域崇拜的至高无上的水神"龙母",都被当地民众视作蛇神的化身而世代受人祭拜。

除了代表海神的"妈祖""龙母"外,百越还存在许多代表祖神、社稷神的"蛇神""蛇王"崇拜。譬如江浙闽一带随处可见"蛇王庙",人们认为蛇象征吉利,能给人带来钱财或福气。林蔚文指出,南平樟湖板镇的"蛇王庙"更是每年举办两次崇蛇活动,分别是农历正月十七至十九的"游蛇灯"和农历七月初七的活蛇赛神。②而姜彬认为,在江苏地区,太仓、常州、宜兴一带至今还常见"请蛮家(蛇神)"的巫术,祭品团子为蛋形食物,象征蛇蛋,寓意子孙延绵、安宁富裕。③

综上所述,这个时期受到越人传来的稻作文化的冲击,日本的蛇信仰渐渐褪去原始生殖崇拜的色彩,崇蛇文化经过弥生时代的发展积淀下来,其内涵和功能发生了巨大转变,蛇神成为社稷神、山神、水神等化身被后世供奉,同时蛇信仰亦逐渐演化为日本人山岳信仰、海洋信仰的一部分。

四、日本蛇形象的嬗变与越人崇蛇文化的关系

自绳文时代以来,蛇神便作为正面形象成为日本人持续崇拜的神祇,不过其后在一些文学作品中,却也出现一些反面的"蛇妖"。据《日本书纪》(成

---

① 陈兆复. 中国岩画发现史[M]. 上海:上海人民出版社,1991:200.
② 林蔚文. 福建南平樟湖板崇蛇民俗的再考察[J]. 东南文化,1991(5):88-89.
③ 姜彬. 吴越民间信仰民俗[M]. 上海:上海文艺出版社,1992:37-44.

书于720年)记载,素戈鸣尊被逐出高天原后,最终降临在出云国的肥河之上。听闻有一条八岐大蛇,每年吃掉一个童女,于是素戈鸣尊施计用酒把大蛇灌醉后斩杀,继而从蛇尾取出一柄神剑,此神剑便是"天丛云剑",素戈鸣尊将神剑献给了天照大神。"天丛云剑"即草薙剑,是日本神话中的"三神器"之一。该书所述的大蛇双眼红赤,如同赤酸浆果,身有八头八尾,背上长有松柏,身长蔓延八谷八丘,其腹常年血烂。从这些描述性文字可见,八岐大蛇虽具神力,其外貌却是狰狞可怖,是给人类带来灾难的蛇妖,这种形象与日本人一直以来崇拜的蛇神形象大相径庭。

此外,高知县土佐郡传有蛇郎的故事,大致梗概如是:从前有一位高贵的小姐,无论刮风下雨,夜夜都有一位英俊男子前来找她。小姐的母亲渐渐便起了疑心,于是把线团的线头穿在针上,趁公子熟睡之时,把针别在他头发之中。于是公子大喊一声"好疼",就一溜烟儿地跑了。翌日清晨,大家沿着线儿去寻,来到一潭池水处,却听到水底有两条蛇在对话。原来那公子是蛇,他被钢针刺中,已命不久矣。不过小姐此时已有身孕,据说小姐倘若喝下桃花酒、菖蒲酒和菊花酒,蛇种便会消融殆尽。于是小姐照此方法,果然消融了蛇种。诸如此类蛇形象的塑造,不但使过去至高无上的蛇神跌落神坛,同时还表现了人们厌恶蛇,欲除之而后快的心理。

"蛇妖""恶蛇"的负面形象不仅在日本,即便在东周、秦汉时期的中国也时有所见。在百越考古和民族志资料中,还曾出现诸多有关"蛇妖""镇蛇""操蛇"的记录。譬如《山海经·中山经》载:"(洞庭)多怪神,状如人而载蛇,左右手操蛇。"《山海经·大荒南经》亦载:"南海渚中有神,人面,珥两青蛇,践两赤蛇,曰不廷胡余。"另外,江苏淮阴市高庄东周墓是一处吴地贵族墓,曾从中出土带有"擒蛇""践蛇"纹样的青铜器(图3-17),图案中的小人或双手抓蛇,或一手擒蛇、一手执斧做斩蛇状。云南滇墓中亦出土一组铜扣,装饰有"镇蛇"图案(图3-18),其下图为二人拉着一头牛将巨蟒踩于脚下,上图则为一壮士驾着四头驯鹿踩踏巨蟒。

图 3-17 淮阴高庄东周墓铜器花纹中的"擒蛇"图像①

图 3-18 石寨山青铜器扣饰
（引自《从蛇神的分类、演变看华南文化的发展》②

除此之外，有关蛇妖的传说故事也广为流传，其中成书于东晋(317—420)的《搜神记》之《李寄斩蛇》的故事便与八岐大蛇的神话颇为相近，其大致梗概如是：闽越有大蛇，身长七八丈，其粗十余围，每年吃一童女，已连年吞吃九女。于是，李家小女李寄寻名剑、携良犬，用计斩杀此恶蛇。

显然，百越地区在东周、秦汉时期曾出现的"蛇妖""镇蛇""操蛇"等现象，有悖于百越文化中的崇蛇信仰，因而这一现象绝非简单地自然发生。汉文化崇尚鸟、龙，"楚人亦自古就有厌蛇文化"③。楚汉文化进入越地，便表现出与越文化全

---

① 古人为什么不"待见"蛇？每到蛇年灾害多荒年多[EB/OL]. 北京晚报, 2013-02-04. https://www.chinanews.com/cul/2013/02-04/4546287.shtml.
② 吴春明. 从蛇神的分类、演变看华南文化的发展[J]//考古学研究：九. 北京：文物出版社, 2012:680.
③ 吴荣曾. 战国、汉代的"操蛇神怪"及有关神话迷信的变异[J]. 文物, 1989(10):128.

然不同的文化立场,其背后蕴含着主、客文化的强烈对立和激烈冲突,越人崇蛇文化在这一时期出现的两面性,正是周楚、秦汉文化向江南强势扩张的结果。而且,这一文化变容过程持续不断,一直延续到晚清时期。与此同时,随着汉朝以降中日之间交流之深入,厌蛇文化也逐渐影响了日本的蛇信仰文化。

早在东汉时期,日本与我国便已有正式交往。《后汉书·倭传》有载:"建武中元二年,倭奴国奉贡朝贺,使人自称大夫,倭国之极南界也,光武赐以印绶。安帝永初元年,倭国王帅升等献生口百六十人,愿请见。"从此,中日之间正式拉开了双向文化交流的序幕。时至隋朝,日本圣德太子摄政,于公元600年起遣使入隋,中日之间的交流更为密切。在这样的历史文化背景之下,成书于720年的《日本书纪》以及其后的民间传说中屡屡出现"蛇妖""恶蛇"的形象,也就不足为奇了。因此,秦汉以后百越地区蛇文化与日本蛇文化的嬗变一定程度上反映了汉文化传播,本土文化再一次受到冲击的历史事实。

五、总结

从原始时代朴素的生殖崇拜,到稻作文化背景下的蛇神祭祀,以及神话传说中的蛇妖形象,日本的蛇信仰在不同历史阶段具有不同的内涵,呈现出从单一到多元,不断发展变化的特点。其中就有原始土著纯粹的生殖崇拜,有作为社稷神、海神、山神等的正面蛇神,也有代表凶恶、狡诈的反面蛇妖。这一内涵的变化反映了日本列岛几次较大规模的文化变迁,在这过程中,百越先民的作用不容忽视。百越先民身上浓墨重彩的蛇图腾文化,逐渐被日本的文化所吸收,成为日本本土文化的一个重要组成部分,为其后世带来广泛、深远和持久的影响。

日本的蛇信仰源于土著文化,形成于本土文化与外来文化的融合,这是百越先民探索大海所留下的众多海洋文化遗产的一部分。透过这一民俗解读日本文化和中国文化之间的深层联系,具有重要的社会意义和学术价值。

第二节　稻作文化传播视域下朝、日鸟信仰对越地崇鸟文化的受容

一、越人鸟信仰

鸟崇拜是东亚地区普遍存在的原始信仰之一。越人的鸟信仰是在稻作文明的孕育中形成、发展起来的。越地自古以来就有很多与鸟有关的传说和记载,可以看出越人是崇鸟的民族。

《水经注·浙江水注》引《异苑》载:"东阳颜乌以淳孝著闻,后有群鸟助,衔土块为坟,鸟口皆伤。一境以为颜乌至孝,古致慈乌欲合孝声远闻,又名其县曰'乌伤'矣。"

《拾遗记》载:"越王入国,有丹鸟夹王而飞,故勾践之霸也。起望鸟台,言丹鸟之异也。"

《博物志》卷九载:"越地深山有鸟,如鸠,青色,名曰冶鸟……此鸟白日见其形,鸟也;夜听其鸣,人也……越人谓此鸟为越祝之祖。"

越人的崇鸟习俗最早可以追溯到河姆渡文化时期。河姆渡遗址考古发掘和研究成果说明了鸟信仰是稻作文化的产物之一。据考古发现,在距今7000~6000年前,河姆渡地区气候温暖湿润,年平均气温比目前高出3℃左右,"地理地貌应属丘陵山地与沼泽平原的交接地带。遗址附近不但有着大片淡水的湖塘、沼泽平原,而且距离河口海岸也并不太远"。[①] 越地先民聚居地有着优越的自然生态环境,是鹈鹕、鸬鹚、雁、鹤、野鸭、鸦等鸟类栖息和捕食的良好场所。每年春秋两季,这里都会集中大量北上或者南下的候鸟。候鸟从南边飞来,正是春夏之交,将要播种的季节;而从北边返回,又正是秋冬接续,收割完毕的季节。人们很早就发现了鸟类与水稻种植之间的联系。"河姆渡人从捕获的麻雀、野鸭等飞禽的鸟胃中,发现小小的稻米,有的已涨

---

① 林华东.河姆渡文化初探[M].杭州:浙江人民出版社,1992:55.

破稻壳露出米粒。它是鸟食,人也可以吃,野生稻谷的实用性就这样被揭示了。"鸟类偶然间为人们带来野生稻谷,触发了河姆渡人的水稻种植。因此,人们认为鸟类能感知自然,具有某种神秘的力量,自然地产生了对鸟类的崇拜之情,鸟类也成了当时人们祭祀活动的主体之一。

绍兴有"会稽鸟耘"的传说,《吴越春秋》中有详细记载:"禹崩以后,众瑞并去,天美禹德,而劳其功,使百鸟还为民田,大小有差,进退有行,一盛一衰,往来有常。"徐天祐注引《地理志》:"山上有禹井、禹祠,相传下有群鸟耘田者也。"又引《水经注》:"鸟为之耘,春拔草根,秋啄其秽。""鸟耘之瑞"体现了在越人心目中鸟类与社稷有相当密切的关联,它们生活习性与春种秋收的农业种植特点恰好吻合,人们相信鸟具有神圣性,能给予人类某种"神示"。

鸟类不但与社稷有关,还具备了"巫"的功能。鸡卜法在越地流传甚广,占卜方法也多种多样,有鸡头卜、鸡嘴卜、鸡舌骨卜、鸡肝卜、鸡爪卜等。张守节《史记正义》记载:"鸡卜法,用鸡一、狗一,生祝愿讫,即杀鸡狗,煮熟又祭,独取鸡两眼骨,上自有孔裂,似人物形则吉,不足则凶。今岭南犹此法也。"宋人范成大在《桂海虞衡志》中更为详细地记载了当时越人的这种鸡卜之法:"鸡卜,南人占法,以雄鸡雏,执其两足,焚香祷所占,扑鸡杀之,取两股骨,洗净,线束之,以竹梃长寸余遍插之,斜直偏正,名随窍之自然,以定吉凶。其法有十八度,大抵直而正或近骨者多吉,曲而斜或远骨者多凶。亦有用鸡卵卜者,书墨于壳,记其四维;煮熟横截,视当墨处,辨壳中白之厚薄以定依人吉凶焉。"

越地先民对鸟的崇拜还反映在许多器物上。河姆渡遗址的四个文化层中出土了为数众多的带有鸟纹样或与鸟有关的制品,其质料包括木、牙、骨、陶器、石器等。① 河姆渡遗址出土一件象牙制品,上面雕刻有带同心圆涡纹的连体双鸟图案。图中涡纹的两侧各刻画一只鸟的形象,鸟尖喙长嘴,引颈振翅,研究者们将其定名为"双鸟朝阳"(图 3-19)。由此,许多人认为鸟信

---

① 浙江省文物考古研究所. 河姆渡——新石器时代遗址考古发掘报告[M]. 北京:文物出版社,2003.

图 3-19 河姆渡遗址出土双鸟朝阳图案
（笔者摄于绍兴市博物馆）

仰与太阳崇拜是一体的，鸟和太阳都是农耕活动不可或缺的因素。鸟形器是河姆渡遗址中最具代表性的一种特殊器物，出土数量不少，"第四层出土11件，有木质、石质，也有象牙的；第三层有8件，全为象牙；第二层1件，石质"[①]。说明鸟类在河姆渡人的精神生活中占有极为重要的地位。河姆渡遗址第三文化层曾出土几个泥质陶塑人头像（图3-20），其中有三个人头塑像的头顶钻有横向排列的小孔，小孔数量不等，毛昭晰认为这些小孔是用来插羽毛的[②]，笔者赞同这一观点，联系良渚文化玉器中带有"羽人"形象的器物，不难发现这些头像原本的模样与头戴羽冠的"羽人"颇有异曲同工之妙。良渚文化墓葬中出土了大量玉器，鸟的艺术形象在这些玉器上得到充分的体现。反山12号墓（反山M12:98）中有一件重达6.5公斤的大玉琮，其四面中间的直槽上刻画了八个"神人兽面纹"，每面上下各两个，神人头上戴有宽大的呈放射状的羽冠。此外，在其他一些玉器如冠形器（反山M15:

---

① 蒋卫东. 涡纹·湖沼崇拜·鸟形器[M]//浙江省文物局. 河姆渡文化研究. 杭州：杭州大学出版社，1998：237.
② 毛昭晰. 从羽人纹饰看羽人源流[M]//浙江省文物局. 河姆渡文化研究. 杭州：杭州大学出版社，1998：27-28.

7、瑶山 M2:1)、璜(反山 M12:8)、串饰(反山 M22:8)、柱形器(反山 M12:8)上面也可以见到头戴羽冠的羽人形象。鸟形象不仅与神人形象组合出现,还与兽纹共存,如反山的玉琮(M20:124)和反山冠状玉器(M22:11)上(图3-21),均有较抽象的鸟刻纹,结构大致可以分为鸟首、鸟身、鸟翼、鸟尾、下肢等部分,双翼中的圆形刻纹与良渚兽面纹眼睛部分的结构一致,以重圈加围绕的螺旋线的形式表示。

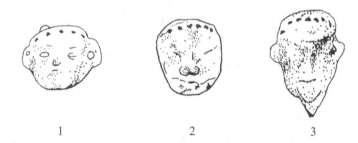

图3-20 河姆渡遗址出土的泥质陶塑人头像
(引自《从羽人纹饰看羽人源流》①)

1　　　　　2　　　　　3

图3-21 反山遗址(M22:11)出土的冠状玉器
(引自《神人兽面的真相》②)

脱胎于河姆渡原始水稻种植的鸟信仰,在古越族聚居的土地上经过漫长的演变,衍生出更为丰富的文化内涵,越人生活的方方面面都与鸟类息息相关。

---

① 毛昭晰.从羽人纹饰看羽人源流[M]//浙江省文物局.河姆渡文化研究.杭州:杭州大学出版社,1998:27.
② 王国平.神人兽面的真相[M].杭州:杭州出版社,2013:129.

(一) 越人写鸟文

在越国的不少青铜器上书写有特色鲜明的"鸟虫书"（图3-22）。鸟是越人信仰的动物，人们把对鸟的崇敬之情附着在文字里，刻画在用于祭祀的青铜器上，在巫文化发达的越地这种风气尤显，故发现鸟虫书较多的器物主要是礼器和祭器，在统治阶级中普遍流传。越国的青铜剑天下闻名，其中越王剑更是各国争相抢夺的宝物，越王勾践剑上用鸟虫书刻着"越王句践，自作用剑"8个字（图3-23），鸟篆体遒劲又不失飘逸之美感。

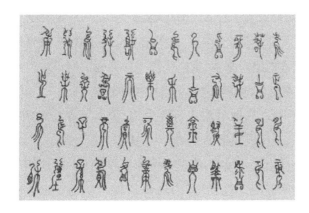

图3-22 越国鸟虫书
（笔者摄于绍兴市博物馆）

图3-23 越王勾践剑上的鸟虫书
（笔者摄于绍兴市博物馆）

（二）鸟是祭祀时的主要象征物

在春秋战国时代，越国青铜器、原始瓷器制作技艺飞速发展，除了"鸟虫书"这一抽象的鸟形象外，鸟的具体形象在器物上也随处可见。绍兴市漓渚中庄出土一件青铜鸠杖（图 1-1），杖首和镦由木杆相连，顶部塑有一鸟，展翅欲飞，镦下部是一个作跽坐状的铜人，断发文身。鸠杖始于周朝，《后汉书·礼仪志》记载"年高授几杖"之事："仲秋之月，县、道皆案户比民，年始七十者，授之以王杖，辅之糜粥。八十、九十，礼有加赐。王杖长九尺，端以鸠饰。鸠者，不噎之鸟也，欲老人不噎。"虽然鸠杖历来是尊老养老的象征，但笔者认为，此青铜鸠杖通体纹饰精美，极为罕见，相比普通老者所用更有可能是负责祭祀的最高权力者所用之物，从鸟形象与坐状铜人的组合来看，这应该是一件祭器。绍兴坡塘狮子山306号墓出土的春秋战国青铜质伎乐铜屋（图 1-2），铜屋呈四角攒尖顶，屋面以勾连云纹为饰，屋内置有前后两排共6名乐伎，乐伎或双手捧笙吹奏，或抚琴弹拨，或执棍击筑。屋顶云纹柱上立一鸠鸟，是越人鸟崇拜的反映。这座铜屋应是越人的宗庙建筑模型，屋内表现了越人举行祭祀活动的场景。浙江宁波市鄞州区甲村石秃头出土一件战国时期铜钺

图 3-24 羽人竞渡铜钺
（宁波市博物馆提供）

（图 3-24），铜钺下部呈扇形，正面高9.8厘米，刀刃宽12厘米，銎厚2厘米。器身一面素面无纹，另一面通体刻有纹饰，上部有两条匀称相对的龙，尾部向内卷曲，头向上昂起，有角，龙身前部各有一足。纹饰下部以边框线表示船形，船上有四人划船，人头上戴有羽冠，羽冠的最后一根羽毛上有流苏。这属于典型

的羽人竞渡纹,描写了越人划舟祭祀的场景。笔者认为祭祀的是海龙神,人们通过祭祀海神以求风调雨顺、五谷丰收。羽人最早见于河姆渡文化时期,与稻作文化背景下的农业祭祀有关,这一习俗被越人传承下来,在春秋战国时期仍有所见。

(三) 鸟是人们沟通神灵的媒介

绍兴博物馆藏有一件西汉的原始青瓷香薰(图 3-25)。器物整体呈盒形,薰盖高而尖,上饰飞鸟,鸟眼用绿松石镶嵌,盖上镂三角形或圆形出烟孔。在古人眼里,飞鸟和袅袅上升的烟雾一样,可以直达神灵所在之处。上虞出土一件东汉的褐釉窣堵波(源于印度的塔的一种形式,即佛塔,图 3-26),塔尖立有一飞鸟,塔四周饰数只小鸟,有百鸟朝凤的意境,也寓意鸟是佛祖的使者,可自由来去天地之间。这是两汉时期佛教传入越地后与当地崇鸟习俗相融合的产物。

图 3-25 原始青瓷香薰
(引自《走进大越》①)

图 3-26 褐釉窣堵波
(引自《走进大越》②)

---

① 绍兴博物馆. 走进大越[M]. 上海:上海人民出版社,2014:397.
② 绍兴博物馆. 走进大越[M]. 上海:上海人民出版社,2014:399.

（四）鸟具有送魂的功能

绍兴市涂山出土一件东汉的青釉五管堆塑罐（图3-27），又名"魂瓶"。罐由上下两部分组成，上部堆塑五管、鸟兽、房屋等，下部呈罐状。五管堆塑罐始烧于东汉，多出土于江南地区，是随葬用的明器。这类五管罐早期器形简单，很少见有堆塑；后来，装饰日渐繁复，堆塑很多人物、动物，主要是为了死者在另一个世界能丰衣足食，最大程度地满足灵魂的需求。五管罐到了西晋演成谷仓罐，具有很高的艺术价值。而飞鸟则是越地五管罐装饰艺术中不可或缺的元素之一，人死后飞鸟将灵魂送往另一个世界，引渡其获得转世新生。

图3-27 青釉五管堆塑罐
（笔者摄于绍兴市博物馆）

鸟形象还出现在各种生活用具中，与社稷有关。绍兴市博物馆藏有一件西周的印纹陶鸟饰盖罐，这是用来盛储食物的器物。罐圆唇，器盖中间立一鸟，鸟钝喙、尾羽高翘挺立，整体造型简练醒目。盖罐肩部设计对称二兽形耳,外壁多炫纹、直棱纹等,纹饰精美。上虞出土一件西晋的青瓷樽,是盛酒器。直口,直筒形深腹,平底,三乳足,盖中间置两只小鸟,窃窃私语,作亲昵的接喙姿态,妙趣横生。

总之,越地的鸟信仰自河姆渡文化萌芽,经过良渚文化的发展,直至春秋战国时期,已经深深地扎根于越人的精神生活中,是越人动物信仰的重要组成部分。陈勤建指出:"鸟信仰是在中国江南远古时期水稻生产的发轫中萌生的。"[①]百越鸟信仰形成离不开稻作文化的土壤。

二、朝鲜半岛鸟信仰及其对越人鸟信仰的接受

朝鲜半岛的建国神话中通常有天降、卵生、神鸟等元素。《隋书·高丽传》记载:"高丽之先,出自夫余。夫余王尝得河伯女,因闭于室内,为日光随而照之,感而遂孕,生一大卵,有一男子破壳而出,名曰朱蒙。夫余之臣以朱蒙非人所生,咸请杀之,王不听。及壮,因从猎,所获居多,又请杀之。其母以告朱蒙,朱蒙弃夫余东南走。遇一大水,深不可越。朱蒙曰:'我是河伯外孙,日之子也。今有难,而追兵且及,如何得渡?'于是鱼鳖积而成桥,朱蒙遂渡,追骑不得济而还。朱蒙建国,自号高句丽,以高为氏。"[②]由此可知,高句丽的建国者朱蒙是日之子,且是卵生,高丽朝金富轼撰《三国史记·高句丽本纪》中也有相似的记载。《隋书·百济传》中还有记载:"百济之先,出自高句丽。其国王有一侍婢,忽怀孕,王欲杀之。婢云:'有物状如雉子,来感于我,故有娠也。'王舍之。后遂生一男,弃之厕溷,久而不死,以为神,命养之,名曰东明。及长,高句丽王忌之,逃之淹水,夫余人奉之。东明之后,有仇台者,笃于仁信,始立其国于带方故地。汉辽东太守公孙度以女妻之,渐以昌盛,为东夷强国。初以百家济海,因号百济。"[③]其中,"雉子"是外形像鸡的长尾鸟,说明百济先祖东明是鸟类的后代。此外,古朝鲜檀君神话、新罗朴赫

---

① 陈勤建.中国鸟信仰的形成、发展与衍化[J].华东师范大学学报(哲学社会科学版),2003(5):19.
② 魏征.隋书[M].北京:中华书局,1973:1813.
③ 魏征.隋书[M].北京:中华书局,1973:1817-1818.

居世神话、伽倻国金首露王神话等均有这类元素。

除了文献记录的神话外,朝鲜半岛流传的一些口传神话也与鸟崇拜有关。《初监祭歌》是济州岛的初始神话,其中唱道:"太初天地混沌……黑暗……混沌中天地开辟……开天辟地……这时,出现一只大鸟,翘起头和尾巴,抖动两只翅膀,天地开辟了,从此后,天渐渐要青了……开辟了三十三天,在最初的沙滩上出现了山,山中出水,草木生长。"①神鸟抖动翅膀,完成了开天辟地,从此世间有了山水和草木。《天地王本歌》记载:"太初,天地混沌,无天地之分,洞突现,实现了天地开辟。有清露水和浊露水,阴阳相通,开天辟地,出现了万物。这时天皇鸡伸长脖,地皇鸡扇翅膀,阴皇鸡抖尾巴,大声地叫,在甲乙东方,黎明到来,完成天地开辟。"②此则神话中出现了代表天地、阴阳之神鸟,天地已开,神鸟助力,进一步推动完成了这一重要的使命。

朝鲜半岛先民原本生活在深山密林中,所处环境缺少平原沼泽、土地贫瘠,只能种植一些高粱、大豆等旱作植物,农业产量很低,以渔、猎做补充。在这样的生存条件下,人们质朴地认识自然,认为太阳是一切力量的源泉,太阳所在之处是神秘而又令人心向往的。天地间唯有鸟类可自由行使,而鸟类恰好有又较强的繁殖力,破壳而出的生命感使人肃然起敬,人们自然而然将鸟类当作天地间的神使加以崇拜。可以说,朝鲜半岛的鸟崇拜是在原始的自然崇拜、天神崇拜的基础上形成的。鸟信仰几乎遍及整个朝鲜半岛,而值得注意的是,南北崇拜鸟的种类有所不同,"上古时期,朝鲜的卵生文化及鸟崇拜思想的产生可分为南北两个地域。北方指的是渤海湾沿海平原,南方主要指的是南海沿海平原。北方的崇拜对象主要是鹰、鸽子、布谷鸟、白鹅、燕子等,南方则以喜鹊、鸡等为主。"③南北崇鸟的差异性说明鸟信仰在

---

① 朴贤美.朝鲜民族与满族禽鸟崇拜的比较研究[D/OL].北京:民族学与社会学学院,2012:34.[2023-3-20]. https://kns.cnki.net/kcms2/article/abstract?v=3uoqIhG8C475KOm_zrgu4lQARvep2SAkWGEmc0QetxDh64Dt3veMp3QoxoLOP_iVRzb1Y6kMmaI-NUxgVYvm5t8KB56fD3yS&uniplatform=NZKPT.
② 朴贤美.朝鲜民族与满族禽鸟崇拜的比较研究[D/OL].北京:民族学与社会学学院,2012:34.[2023-3-20]. https://kns.cnki.net/kcms2/article/abstract?v=3uoqIhG8C475KOm_zrgu4lQARvep2SAkWGEmc0QetxDh64Dt3veMp3QoxoLOP_iVRzb1Y6kMmaI-NUxgVYvm5t8KB56fD3yS&uniplatform=NZKPT.
③ 文日焕.朝鲜古代鸟崇拜与卵生神话之起源探究[J].中央民族大学学报(哲学社会科学版),2003(6):79.

发展过程中或许受到了不同文化的影响和浸润。从地理位置上来看,朝鲜半岛南部是稻作文化传播途经的地方,鸟崇拜习俗更多地反映出农耕稻作背景下人们的生活习惯和思维方式。

"鸟杆"是朝鲜族自古以来最重要的信仰物。鸟杆起源于青铜器时代,广泛分布于中国东北、蒙古、西伯利亚等地,与苏涂祭祀有关,在萨满文化圈具有悠久的历史和重要的地位。《三国志》记载:"又诸国有别邑,名之为苏涂,立大木,悬铃,事鬼神。"《后汉书》也有相似记载:"诸国邑以一人主祭天神,号为天君,又立苏涂,建大木以悬铃鼓,事鬼神。"苏涂具有巫的功能,在长长的木头上悬挂铃铛,能通鬼神;也有在木头顶端立一只或者数只鸟。萨满的天神信仰母题中,宇宙分为上、中、下三层,他们认为高大的树木,其树根扎于土中,与地下相连,树干和树冠高耸入云,是通往神界的要道,而鸟是宇宙万物中唯一能自由翱翔于神界的动物,起到了连接宇宙三界的作用,由此,从天神信仰衍生出神树信仰和鸟信仰。祭祀鸟杆是朝鲜族重要的活动,人们以杆尖蘸猪血,还会将猪内脏等杂肉放入杆顶的锡碗中,以祀神鸟。可以说,鸟杆与天神信仰是一体的。

鸟杆虽然始于北亚文化圈,但在朝鲜半岛南部出现的数量众多。李弼泳对韩国南部的鸟杆数量进行了调查统计,韩国南部共有 625 个鸟杆,其中京畿、江原、忠北等北部地区数量最少,分别只占 2.8%、2%、1.9%;全南、庆北、庆南三地最多,分别占 34.6%、25.3%、15.6%。[①] 不难看出,地处朝鲜半岛最南部的全南地区鸟杆数量远远多于其他地区,是鸟杆分布最集中、最中心的区域。结合中国江南地区稻作文化经由海陆向北传播至朝鲜半岛南部的历史事实,我们可以推测,最早接触稻作农耕的南部地区,其崇鸟文化在发展、演化的过程中积极吸收了稻作文化中的鸟信仰元素,形成了与农耕文明更为适配的持续、深远的鸟信仰体系;与此相反的是韩国北部地区的鸟杆文化正在日渐消逝。

---

① 朴贤美. 朝鲜民族与满族禽鸟崇拜的比较研究[D/OL]. 北京:民族学与社会学学院,2012:34. [2023-3-20]. https://kns.cnki.net/kcms2/article/abstract?v=3uoqIhG8C475KOm_zrgu4lQARvep2SAkWGEmc0QetxDh64Dt3veMp3QoxoLOP_iVRzb1Y6kMmaI-NUxgVYvm5t8KB56fD3yS&uniplatform=NZKPT.

原始的鸟杆信仰与敬天思想密切相关,有着浓厚的萨满文化烙印。而稻作文化的传入打破了原始社会人们的生活模式,生活在深山野谷间的人开始聚集起来,开垦田地,种植稻米,慢慢形成了原始村落,在这一历史人文环境变迁的过程中,原始鸟信仰与稻作文化糅合,产生了多元的文化意蕴。

鸟杆一般立在村落的入口和出口,有的立在村落的中心位置,起到除厄避灾、保护村民、净化村落的功能,有类似结界的作用。此外,鸟还有发展和保障农业的使命,有些鸟杆上鸟的形象特别强调水鸟的特性,鸟嘴里衔芦苇或小鱼,鸟杆的取材也有特别的说法,认为必须取自河边的树才能保佑风调雨顺。这都体现了稻作文化鸟崇拜的特性。韩国大田槐亭洞出土一件青铜器,其中一面有一立杆,上端停一鸟,另一面是头戴羽翼的人在田里劳作的场景,整体呈现一派热闹的农耕景象。笔者认为,这反映了北方游牧文化与朝鲜半岛南部稻作文化融合的鸟信仰。朝鲜半岛的鸟信仰是在本土文化的土壤中独立发生的,与北亚萨满文化有互为承继的关系,原始社会的天神信仰是其最为核心的内涵。然而在稻作文化传入后,半岛南部地区的鸟信仰逐渐呈现出稻作文化的意蕴,反映了稻作文化传播背景下中、朝崇鸟文化交流和融合的历史过程。

三、日本鸟信仰及其对越人鸟信仰的接受

鸟信仰在日本的创世神话中有着重要的作用,《古事记》《风土记》中均有将鸟类神格化的描写。现在,日本不少地区依然留存着不同程度的鸟崇拜习俗,而日本神社入口处的鸟居更是日本人日常生活的写照,这些崇鸟遗风是原始信仰经过几千年的积淀,渗透到日本人精神生活的真实反映。

日本自史前起就有多样化的动植物原始崇拜,重要依据是绳文时代遗址中出土的猿、蛙、蛇、熊等土偶,鸟的形象在这一时期未有所见。而在之后的弥生时代遗址中却出土了许多鸟型木器和带有鸟形图案的铜铎、土器等,显然日本的鸟信仰始于弥生时代。弥生时代前后,朝鲜半岛的渡来人和中

国江南地区的越人登陆日本列岛，稻作文化随之传入。通过分析日本记纪和考古实物资料，钩沉古代东亚各国间的文化关联可以发现，日本鸟信仰主要是在外来文化的影响下形成的，包括吸收朝鲜半岛的神鸟信仰、汲取越文化的社稷崇拜以及与丧葬礼仪结合的送魂鸟等，呈现出多元的文化内涵。

日本的记纪神话中有许多有关神鸟的描述。《古事记》载："集常世长鸣鸟、令鸣而。"长鸣鸟就是公鸡，一般认为公鸡日出而鸣，故而在太阳神的复活神话中出现了鸡鸣的场景。同书记载："雉名鸣女降到天若日子家门前的汤津枫树上，吟唱天照大御神的诏命。"还有："天神御子自此于奥方莫便入幸，荒神甚多。今自天遣八尺乌，故其八尺乌引道。从其立后应幸行。"传说中日本第一位天皇——神武天皇在东征时遇到重重阻碍，这时八尺乌自天而降带领他脱离险境。可以看出，鸟的出现不但与太阳紧密联系在一起，还起到传达天神之命、为皇族引路的作用。所谓"鸟授神意"，鸟作为神的使者在日本人心目中的地位可见一斑。

日本弥生时代鸟型木器的大量出土，进一步印证了鸟在古代日本人的精神生活中扮演着重要的角色。鸟型器分布范围很广，几乎遍及日本，在佐贺县诧田西分遗址、岛根县西川津遗址、大阪池上·曾根遗址、京都深草遗址等弥生时代遗址中均有发现，共计出土30件，其中17件腹部有小孔。比如大阪池上·曾根遗址出土的鸟形木器（图3-28），整体造型小巧，鸟头小，颈短，身体细长，鸟翼收拢，尾部微微上翘，腹部处的小孔可插置木棒，人们自然联想到这类有孔鸟型木器与木棒可组合成"鸟杆"。池上鸟出土于弥生时代村落遗址的壕沟内，壕沟建于村落外围，属于保护村落的设施。可以推断出当时人们将鸟杆立于村落入口或外围，主要是用来守护村落、保护村民的。鸟杆还出现在福井县井向遗址出土的弥生时代的铜铎上，金关恕认为这是一幅村落祭祀的场景，鸟杆在祭祀中起到了送迎祖灵的作用。此外，笔者在考察日本弥生时代大规模环壕聚落遗迹佐贺县吉野里遗址时发现，聚落的一入口处立有一个复原的鸟居，其上插有三根石制鸟杆，鸟杆上各有一只展开双翼的石鸟。从鸟杆的构造、鸟杆发现的场所和功能可以推断，日本的鸟杆与朝鲜半岛的苏涂鸟杆有一定的关联。

图3-28 日本池上·曾根遗址出土的鸟形木器
（引自《弥生文化 日本文化的源流》[①]）

铜铎是弥生时代最具代表性的祭器，在出土的铜铎中有60个左右刻有动物图案，尤以鹿、鸟为多。这些鸟有一共同特征，鸟喙、鸟颈、鸟足较长，有的能清晰地看到鸟嘴里衔有小鱼，这些鸟的形象具有水鸟的特征，描绘的场景与农耕稻作的生活有关。基于这一特点，日本学者认为铜铎所祭祀的是为人类带来稻谷的穗落神[②]。笔者赞成这一说法，首先，从发掘的地点来看，铜铎多埋藏在村落间或者隐秘的山间，并没有出现在坟墓里，而且往往是大量的铜铎埋在一起，当时一个村落的力量根本无法制造如此数量众多的青铜器，极有可能是集几个部落的力量共同生产出来的，属于共同财富，是共同举行祭祀活动使用的道具。稻作文化推动原始村落的形成，村落中最重要的祭祀活动应该是

---

① 大阪府立弥生文化博物館. 弥生文化　日本文化の源流[M]. 東京：平凡社，1991：51.
② 春成秀爾. 祭祀と呪いの考古学[M]. 東京：塙書房，2011.

农耕祭祀,铜铎上的鸟形象实质上就是能为人来引来谷灵的神鸟。由此可以证实,日本列岛的鸟信仰与社稷崇拜有关,应该也受到了稻作文化的影响。

弥生时代陶器上的羽人图案又为我们提供了另一种视角。带有羽人图案的陶器在日本的冈山县、鸟取县、奈良县均有出土,其中最引人关注的是鸟取县淀江町稻吉遗址出土的弥生时代的收骨壶。壶上部刻有描绘农耕社会的图案,图中有数个头戴羽状冠饰的人在划舟,舟的左侧是干栏式建筑,建筑左侧绘有一条树枝,其上悬挂有一对纺锤状物体。国分直一认为"从船桨来看属于华南系风格,树枝上垂挂纺锤物犹如朝鲜半岛高木上垂挂铃铛的苏涂祭祀场景,该纹饰意味着华南或江南人经由朝鲜半岛到达日本海"①,金关恕认为,这一画面形象地描绘了《三国志·魏书·乌丸鲜卑东夷传》"马韩"条中所提及的苏涂祭祀场景。② 笔者认为这是一幅富有浓郁中国江南特色的绘图,最关键的信息就是干栏式建筑和羽人。干栏式建筑是越族根据中国南方气候温和、湿度较大等自然环境创造出来的一种具有独特民族风格的建筑物,具有干燥通风、避免潮湿、防止虫蛇及猛兽侵扰等优点。它最早出现于越族地区。在余姚河姆渡新石器文化遗址中发现了大量带有榫卯的长条形构件,据研究,当是干栏式建筑的最早遗址③。此外,在浙江桐乡罗家角、吴兴钱山漾等遗址中,都发现有干栏式建筑的遗迹。随着越族的迁徙,干栏式建筑被传到云南、湖北、广东等地,有些地区至今还保留着这一建筑。总之,干栏式建筑广泛分布于越族聚居区,除了用作房屋居住外,还有存贮粮食的功能。这一建筑特色随着稻作文化传到日本,被完美地继承下来。至于羽人的形象如本章第一节所述,最早出现在河姆渡文化遗址中,一直到春秋战国时期仍有所见,宁波市鄞州区甲村石秃头的铜钺更是生动刻画了羽人舟祭的场景。显而易见,淀江町的羽人划船与宁波市鄞州区的羽人舟祭属于同一系谱。

黄德荣、李昆声把羽人所用的船按其用途分为渔船、交通船、祭祀船、竞

---

① 国分直一. 日本文化の古層[M]. 東京:第一書房,1992:143-177.
② 大阪府立弥生文化博物館. 弥生文化 日本文化の源流[M]. 東京:平凡社,1991:50.
③ 浙江博物馆. 河姆渡发现原始社会重要遗址[J]. 文物,1976(8).

渡船、海船等类型。① 笔者认为淀江町稻吉遗址的收骨壶上的纹饰整体上虽然呈现稻作祭祀的特点，但羽人船纹很有可能兼具"送灵"的功能。收骨壶是用来盛尸骨的葬器，上面的纹饰寄托了人们对于美好生活的向往，希望死后也能过得富足、安乐，羽人则负责把人的灵魂带往另一个世界。根据《日本书记》的记载，天若日子死后尸体被运到天上，其父天国玉神建了丧屋，河雁做手持祭品的随棺人，白鹭做手持扫帚打扫丧屋的人，翠鸟做煮食的人，麻雀做碓女，鸡做泣女，歌舞管弦一连吹奏了8天8夜。松本信广推断："当时的人们认为人死后灵魂会幻化成鸟。众多的鸟出现在葬礼中帮助操办各种事宜，并最终将伙伴的灵魂引向冥界。"②人死后由鸟将灵魂送往他界，这一点在日本进入古坟时代后更加明了。4世纪末的大阪津堂城山古坟的方形土坛上发现了3个大型的水鸟埴轮，同时代京都蛭子山古墓出土一件形状似鸡的土器，5世纪后半叶的奈良县四条、黑田大塚、石见等古坟周沟内出土了鸟型木制品等，都说明了鸟与墓葬的深层联系。柳泽一男认为："从古坟发现的木制品和埴轮、土器等体现了死者的灵魂和鸟灵信仰的关系。"③日本很多地区的送葬习俗都与鸟有关。据吉成直树考察，高知县的物部村、南国市、土佐山村、春野町、伊野町、日高村等地的送葬习俗中，幼儿死去后只举办简单的葬礼，称为"鸟翼"。④ 这些地方对幼儿葬礼的认知存在微妙差异，比如物部村宫之濑、伊野町成山本村、日高村岩目地的人认为死去的孩子会变成鸟翼，春野町西畑的人认为会变成鸟，物部村别府的人认为会变成类似鸟的动物。此外，物部村、德岛县等地的人还会在死人用的饭菜上撒上灰，几天后如果发现上面有鸟的脚印，即宣布死人转世成了鸟，这种占卜形式称为"灰膳"。可见，日本丧葬习俗中鸟送魂的功能继承了越人崇鸟文化的内涵。

综上所述，东亚鸟信仰文化源远流长，共同的稻作文化背景是鸟信仰内

---

① 黄德荣，李昆声.铜鼓船纹考[C]//中国铜鼓研究会.中国铜鼓研究会第二次学术讨论会论文集.北京：文物出版社，1986：249-261.
② 松本信広.日本の神話[M].東京：至文堂，1956：78.
③ 柳沢一男.古墳時代の鳥霊信仰と他界への導き[J].九州歴史，1995(39)：11.
④ 吉成直樹.鳥霊信仰の地域的展開と幼児葬法[R].高知大学学術研究報告（人文科学），1995(44)：112-113.

涵发展的基础。在稻作文化的土壤中,越地首先滋生了瑰丽灿烂、丰富多彩的崇鸟文化,成为东亚鸟信仰体系的中心,随着稻作文化向东传播和渗透,对日本鸟信仰的发生产生了至关重要的作用。而在日本,一方面,鸟杆的发现表明了鸟信仰与朝鲜半岛崇鸟文化之间的关联;另一方面,从鸟与社稷崇拜的关系、羽人的系谱、送魂鸟的功能可以看出,日本列岛原始鸟信仰在形成和发展的过程中受到了越人崇鸟文化的强烈影响,体现出与稻作文化密不可分的关系。

第三节　日本早期文身习俗中越人文身文化的传入与融合①

日本文身习俗萌芽于绳文时代中期,发展于弥生时代和古坟时代,几乎见于整个日本列岛。通过钩沉古籍中有关文身的记载,结合考古实物资料勾勒日本早期文身现象,可以发现其内涵与百越文化有密切联系,主要包括保护措施、氏族标识、婚葬礼制等方面,说明中国东南沿海百越与日本列岛之间确实存在着强烈的文化互动。

文身是日本土著先民的身体装饰艺术之一,也是原始社会意识形态的一个外在表现。日本的文身最早见于距今 6 000～5 000 年绳文时代中期土偶上的文身图案。其后在千叶、群马、埼玉、长野、茨城、神奈川、京都、大阪、冈山、爱知、福岛等地陆续出土了以黥面土偶为代表的土器②,分布之广、类型之多引起了学界的广泛讨论。以明治时代平井正五郎的主张为嚆矢,不少学者从文身的成因、类型、变迁等方面进行了专门研究。其中,大林太良讨论日本文身的起源,提出华南起源说、龙文身起源说③;吉冈郁夫指出文身的成因与当时人们经常潜水作业的生活状态有关④;设乐博已将文身的样式分为池花南系列等八大系列,并分析了演变的轨迹⑤。然而,历来的研究忽

---

① 孙思佳. 日本早期文身习俗中越人文身文化的传入与融合[J]. 中文学刊,2021(06):166-170.
② 吉冈郁夫. 文身人類学[M]. 東京:熊山閣,1996:90-108,133-137.
③ 大林太良. 邪馬台国[M]. 東京:中央公論社,1977:45-48.
④ 吉冈郁夫. 文身人類学[M]. 東京:熊山閣,1996:90-108.
⑤ 設楽博己. 黥面土偶から黥面絵画へ[R]. 国立歴史民俗博物館研究報告,1999(3):41.

略了一个关键问题,那就是日本文身习俗的百越文化基础。

日本早期文身习俗自绳文时代起一直延续到古坟时代,这一发生、发展到变迁的过程折射出外来文化因素与本土文化不断交融的互动格局,来自中国东南沿海的百越文化的传入就是一个重要方面。百越文化与日本、东南亚、太平洋地区等环中国海文化关系密切,可以说环中国海是百越先民与其他民族文化传播、交流的重要空间,因此这一区域内各地区间的早期文化有诸多相通之处。如果把环中国海的有文身习俗的民族串联起来,就可以勾勒出一个文身文化圈,而日本就处于这个文身文化圈内。研究日本文身习俗,是解读环中国海文身文化圈的重要环节,能客观地把握早期日本列岛与中国文化交流的动态,再现海洋文化的真实情景与人文价值。

一、日本早期文身印象

文身作为远古人们刻画在身体上的文化符号,不仅是一种文化现象的反映,还蕴含着原始精神生活的奥秘。虽然从现代日本人身上已经很难寻到古代文身的蛛丝马迹,但我们可以从中日古典文献和日本出土的黥面土偶、土器中获得早期文身印象。

关于日本文身习俗,最早的文字记载出现在我国的文献中。《魏志·倭人传》记载道:"男子无大小皆黥面文身。自古以来,其使诣中国,皆自称大夫。夏后少康之子封于会稽,断发文身以避蛟龙之害,今倭水人好沉没捕鱼蛤,文身亦以厌大鱼水禽,后稍以为饰。诸国文身各异,或左或右,或大或小,尊卑有差。计其道里,当在会稽、东冶之东。"①可见汉人对倭人文身的认知基本上是从前来朝贡的倭人身上获得的。《汉书》载:"夫乐浪海中有倭人,分为百余国,以岁时来献。"②"乐浪"指汉武帝时在朝鲜半岛北部设置的乐浪郡,而倭人就分布在乐浪郡附近的大海中,"百余国"说明倭人有众多的部落群体,尚未产生统一各个部落的政治集团。《魏志·倭人传》记录的是

---

① 陈寿.三国志[M].北京:中华书局,1999:855.
② 班固.汉书[M].北京:中华书局,1962:1410.

弥生时代倭人文身的基本面貌。彼时文身在男性中十分普遍,各国人文身的部位、图案大小各不相同,风格各异的纹样还代表了不同的身份地位。文身产生的原因与生活习性有关,目的是躲避海里的大鱼水禽,还有装饰的功能。值得注意的是,"会稽"(今浙江绍兴)是春秋战国时期于越的中心,越族自古以来就是断发文身的民族,文献记载倭人的文身习俗与越人几乎相同,说明两者之间有密切的关系。《隋书·倭国传》记载:(倭国)男女多黥臂、点面、文身、没水捕鱼①,将文身的部位和手法描写得更为细致,文身不仅流行于男子之间,女子也不例外,文身的主要部位是手臂和脸,脸上以点刺法为主。此外,《晋书·东夷传·倭人》《梁书·诸夷传·倭》《北史·倭国传》等均有类似的记述,在此不做展开。

　　日本文身习俗不仅出现于我国文献中,日本最早的史书也有提及。《古事记》"神武天皇"条记载,天皇派大久米命向伊须气余理比卖求亲,伊须气余理比卖看到大久米命眼梢的刺青,觉得奇怪,遂问其缘由。神武天皇时代一般认为在公元前600年后,伊须气余理比卖对久米部的刺青觉得奇怪,说明在弥生时代刺青已经不常见了,可能只在某些部族中尚有保留。当然,学界普遍认为《古事记》中"应神天皇(200)"条以后的记载比较可信,因此,"神武天皇"条记述内容与《魏志·倭人传》中弥生时代"皆黥面文身"的情况有出入也情有可原了。同书"安康天皇(5世纪)"条载,市边王的两位王子意富祁王和袁祁王逃到山代的刘羽井,他们正在吃干粮的时候,有黥面的老人前来抢夺,老人为山代的养猪人。《日本书纪》记载,履中天皇元年(400),阿云连滨子因与仲皇子谋反,被施以"墨刑";五年(404),履中天皇于淡路岛狩猎,岛上的伊奘诺神讨厌养马人黥面的血腥味,天皇遂下令禁止养马部黥面;雄略天皇十一年(467),养鸟人失职致天皇的鸟被狗所食,被施以"黥面"之刑。

　　中日古典文献向我们呈现了日本早期文身的大致景况,那就是至少在弥生时代中晚期之前,文身习俗普遍存在于日本,而到了弥生后期至古坟时代,逐渐演变成养猪人、养马人、养鸟人等低等身份的标记,甚至成为一种刑

---

① 魏征.隋书[M].北京:中华书局,1973:1872.

罚手段。然而，仅从文献中并不足以概览日本文身的全貌，考古实物为我们提供了更多信息，其中最重要的依据是黥面土偶和黥面土偶容器。

日本发现最早与文身有关的考古实物是距今6 000～5 000年绳文中期的黥面土偶。绳文时期的黥面土偶主要分布在本州岛的东海和中部地区，其他地区也有发现，几乎遍及整个本州岛。该时期土偶面部的纹样不统一，线条或密集或简约，有的以横线条为主，有的横竖线条交错，可谓风格迥异，但有一个共同的特点就是围绕口眼部位做重点装饰，增强视觉效果（图3-29、图3-30、图3-31、图3-32）。绳文时期东日本附近海域处于寒暖流交汇处，拥有丰富的鱼类资源，渔猎是当时最主要的生产方式之一。考古学家在绳文人和弥生人的头骨中发现了外耳道外生骨疣的病例，说明当时潜水捕捞是比较普遍的获取食物的方式。此外，绳文时期的贝冢遗迹中出土了不少渔具，说明日本先民渔业活动频繁。千田稔指出："黥面是海洋民族的共同特点，最初的目的都是为了在潜水捕捞作业中防止凶猛鱼类的攻击。"①确实，文身习俗在中国东南沿海、海南岛、台湾岛和日本、东南亚、太平

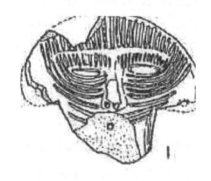

图3-29 千叶·池花南遗址出土的黥面土偶
（引自《从黥面土偶到黥面绘画》②）

---

① 千田稔.いれずみの海洋民記号[J].歴史読本：人物往来,2004(4):78.
② 設楽博己.黥面土偶から黥面絵画へ[R].国立歴史民俗博物館研究報告,1999(3):48-49.

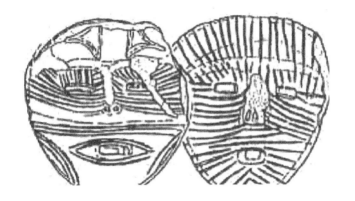

图 3-30 栃木·后藤遗址出土的黥面土偶
（引自《从黥面土偶到黥面绘画》①）

图 3-31 长野·中原遗址出土的黥面土偶
（引自《文身的世界》②）

图 3-32 山梨·坂井遗址出土的黥面土偶
（引自《文身的世界》③）

洋等环中国海国家和地区都能看到，可以说是该地区海洋民族共同的历史记忆。这些地区在身体装饰艺术方面除了文身之外，还有相似的拔齿、裸体、跣足等习俗，这绝不是单纯的巧合，而是源于一个共同的文化基础——百越文化。

---

① 設楽博己. 黥面土偶から黥面絵画へ[R]. 国立歴史民俗博物館研究報告，1999(3)：48-49.
② 山本芳美. イレズミの世界[M]. 東京：河出書房新社，2005：74.
③ 山本芳美. イレズミの世界[M]. 東京：河出書房新社，2005：74.

二、日本早期文身习俗的越人海洋人文基础

越是一个古老的部族,活跃在中国东南沿海一带,汉文典籍所载东南民族传说至夏朝有"三苗",商周时期有吴、越、粤、闽等诸蛮,东周以来又被"百越"所取代。"百越"并不是一个民族实体,包含"于越""瓯越""闽越""南越"等不同支系,分布甚广,其中于越先民是河姆渡文化、良渚文化的缔造者。从考古实物资料形态可以认定的新石器时代起,东南沿海百越史前文化凸显海洋性特征,从近海到远洋,百越先民的海航路线四通八达。吴春明指出:"在南海之滨,珠海淇澳岛、横琴岛,深圳大铲岛等众多岛屿的史前文化与岭南大陆沿海的距今7000~4000年的新石器时代文化面貌完全一致;闽浙沿海,距今6000~4000年福建平潭岛、金门岛、东山岛等地的新石器时代文化内涵分别与闽江下游的闽侯溪头、昙石山、庄边山等史前文化相同;浙江宁波定海岛、岱山岛、大衢岛、嵊泗岛等都发现了与距今7000~4000年的河姆渡文化、良渚文化相同的内涵。"①这都是东南沿海古越人海上交通源远流长的证据。2002年萧山跨湖桥遗址出土距今8 200~7 500年的独木舟,也证明了古越人在新石器时代甚至更早起就利用原始航海技术近航远渡地探索海洋。古越人"自闽粤沿海出发,通过台湾海峡、台湾东南岛屿、菲律宾群岛、东南亚群岛,最后抵达太平洋群岛"②,向东从今宁波出发到达日本列岛,构建了一个环中国海的海洋人文空间,可以说这些国家和地区的自然崇拜、风俗习惯、建筑形态、丧葬形式都不同程度地留下了古越人的文化印记。

在这样的人文背景下,《魏志·倭人传》中所描绘的倭人文身情况与"会稽"地方文身习俗高度一致就不足为怪了。如果我们进一步分析会发现,文身的原因不仅仅是为了保护身体,真正的成因与越人的图腾崇拜有关。《淮南子·原道训》载"越人被发以象鳞虫",鳞虫即蛇,越人自古有蛇信仰,蛇图腾崇拜是其重要的族群识别符号。在上古中原华夏视野中,越人属于"南

---

① 吴春明. 从百越土著到南岛海洋文化[M]. 北京:文物出版社,2012:359-360.
② 山本芳美. イレズミの世界[M]. 東京:河出書房新社,2005:74.

蛮",东汉许慎《说文解字》载:"蛮,南蛮,蛇种。从虫,亦声","闽,东南越,蛇种,从虫,门声"。古越人及其后裔将蛇图腾表现在文身艺术上,时至今日我们依然能从某些部族身上看到形形色色的蛇形文身遗风。台湾高山族的祖先是百越系统中的闽越,《隋书·琉球传》有高山族"妇人以墨黥手,为虫蛇之文"的记载。海南岛黎族所在地是古越族支系西瓯和骆越杂居的地区,他们信奉蛇为祖先神,妇女好在脸上绣蛇纹,斜形纹饰甚似蛇身纹样,故而得名"蝻蛇美孚"。《海槎余录》记载,黎族男女周岁即文身,否则先祖不认其为子孙。据考证,"古越人纹身艺术中的曲折纹可能是眼镜蛇身上黄白相间横带纹的简化,菱形纹可能是百步蛇身上花纹的演变"[①]。由此可见,古越人以文身来做氏族标记,文身"以避蛟龙之害","后稍以为饰"则是其功能的延伸。

日本也有蛇信仰,那是绳文时代土著文化与古越文化不断交融的产物,再加上相同的海洋生活环境,日本土著先民很自然地接受了这种外来的文身习俗,并将其充分地融入日常生活中,起到保护生命安全和人体美化的作用。日本绳文时代文身习俗的形成离不开百越文化基础。然而,日本有蛇信仰,但不以蛇为图腾,因此文身并没有图腾的意蕴,这是两者文身文化内涵最本质的差别。

三、越国文化持续渗透下日本文身习俗的流变

自绳文时代末期起,江南沿海越地移民因躲避战乱登陆日本列岛,他们带来先进的生产工具和技术,促使日本列岛快速从渔猎采集社会变革成农耕社会,弥生文化由此产生。越国文化对日本列岛直接或间接的影响明确地表现于建筑风格、信仰习俗、青铜器铁器制作技艺等诸多方面。在这样的文化渗透下,日本文身的样式和内涵也产生了一定程度的流变,体现了其本土文化与百越文化进一步互动的局面。

20世纪初,日本南东北和关东地区陆续出土了一些绳文末期到弥生初

---

① 林琳.论古代百越及其后裔民族的纹身艺术[J].广西民族研究,2005(4):145.

期的面部刻线的"有髯土偶",后被证实这些"髯"是文身。20世纪70年代,爱知、琦玉等地出土了一批绘有文身人面图案的陶器。另外,九州、近畿地区还出土了黥面埴轮。自绳文时代开始的文身习俗在弥生时代显示出持续发展的势头,但与绳文时代相比,文身样式的确发生了新的变化。绳文时代文身的特点是口眼处做重点装饰,唇部和眼部的线条大多不衔接。弥生时代的文身出现了把眼部和面部线条刻画连接在一起的手法,刻线从前额两侧过渡到眼部再延伸至两颊形成圆润的弧度,整体颇具脸谱的意蕴(图3-33、图3-34)。这种风格依然把眼部作为重点,线条较之绳文文身更为统一、圆润。

大阪龟井遗址出土一件黥面陶器的残品(图3-35),紧密的纵线贯穿全脸,遒劲有力的刻线勾勒出两个硕大的眼眶,靠近眼角处有浑圆的两处凹陷,用来表示眼珠,威严的神态极具震慑力,让人自然联想到古代的面具。面具源自原始巫术傩祭仪式或原始乐舞,具有辟邪的功能。类似面具的器物还有京都森本遗址出土的人面陶器(图3-36),眉毛和鼻子用黏土堆塑而成,呈现与众不同的立体感,眼部细长,上下眼睑加深刻线以强调轮廓,没有眼珠,邪魅清冷地好似在凝视着什么。"像这样只刻画眼和鼻,又尤其强调眼部效果的人面在弥生时代辟邪文铜铎和铜戈的柄上均有发现。"

铜铎和铜戈是弥生时代典型的祭器,反映了当时丰富的祭祀活动。黥面式样的面具脸谱化发展,是当时人们适应新的社会生活习惯的结果。此外,香川仙游遗址出土的石棺盖上刻有脸谱化的黥面,埴轮上出现黥面,也表现了文身习俗新的文化形态。

(一)文身与祭祀

脸谱纹黥面与铜铎的组合是农耕文化的特殊产物。铜铎被视为日本弥生文化的象征,既不见于绳文时代,其后的古坟时代也无继承。初期的铜铎器型小,顶部的钮较厚,便于悬挂,中空的内部有细长的铜棒可用于敲击。随时间推移,铜铎逐渐变得大型化,无铜棒,钮扁平。最大的铜铎高135厘米,出土于滋贺县小筱原遗址,说明铜铎作为实用器的功能已经褪去,更多地被用于祭祀和装饰,并成为权威的象征。铜铎上除了刻画鸟、鹿、乌龟等动物图案外,还有描写狩猎、稻米脱壳、高床仓库等稻作风貌的场景,说明铜

图3-33 爱知·龟塚遗址出土的文身图案

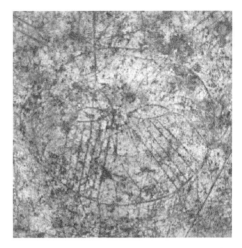
图3-34 香川·仙游遗址出土的文身图案

图3-35 大阪·龟井遗址出土的人面陶器

图3-36 京都·森本遗址出土的人面陶器

(以上四图引自《弥生文化 日本文化的源流》①)

---

① 大阪府弥生文化博物馆.弥生文化 日本文化の源流[M].東京:平凡社,1991:60-61.

铎与农耕祭祀有关。由此可以推断,脸谱纹黥面是祭祀的重要标志,或许巫祝会佩戴脸谱纹面具进行神事活动,甚至再进行大胆推测,只有掌握神事的最高负责人才有资格黥脸谱纹。

文身和青铜器的组合在越地也有发现。绍兴市漓渚中庄村坝头山出土的春秋时期青铜鸠杖,鸠杖由杖首、杖身和杖镦三部分组成,杖首顶端铸一鸟,短喙翘尾,展翅欲飞,通身饰羽纹。杖镦底端跪坐一人像,头上蓄发至额前和耳部,脑后一椎髻,横穿一笄,双手扶膝,通体饰几何纹、蝉纹、卷云纹等。这件青铜鸠杖清晰地展示了2000多年前"断发文身"的古越人形象。越人崇拜鸟,甚至把鸟作为巫的象征,河姆渡出土的双凤朝阳、双凤太阳复合纹,良渚文化玉璧上的立鸟和日月复合纹,都说明古越人很早就感知到鸟的神性。先秦时,越族中广泛流传"鸡卜鸟占",鸟占的情形在台湾高山族那里还可以看到遗存。由此可见,鸠杖不仅是地位尊贵的象征,还与巫祝有关。在巫祝盛行的年代,集团中负责神事的人往往也是最高权力者,鸠杖杖镦底端的人物或许就是巫师,其身上的文身图案蕴含某种特殊的含义。透过这件青铜器,我们很容易想象拥有特殊文身的巫师进行祭祀的画面。

越人将水稻和稻米种植技术传入日本列岛时,稻作民的生活习俗、宗教祭祀也不同程度地介入日本本土文化。刻有黥面图案的铜铎反映的是在绳文文化基础上,在百越地区先进稻作文明影响下,在中国青铜文化推动下,融合生成的弥生稻作文化形态。在这样的文化形态下,日本文身的海洋性色彩逐渐淡化,转而成为稻作民的标识。

(二) 文身与氏族标识

绳文末期至弥生初期,生产力水平低下,生产工具简陋,为了引水灌溉、开荒种粮,日本人由原本的分散居住开始聚居,较为低级的社会组织形式——村落形成了。村落的产生孕育了丰富的墓葬文化。弥生时代墓葬形式因地区、时代、墓主人身份而异,有些墓出现了比较高规格的随葬器,人们往往可以通过随葬器大致了解墓主人的身份、地位,甚至所属部族。埴轮是日本古坟内的殉葬品之一,类型多样,有屋形埴轮、器物埴轮、动物埴轮和人物埴轮等,其中人物埴轮最早用来代替杀生陪葬,被塑造成各种伺候墓主人的下人形象,侧面反映了原始村民已初步具备集团意识,人们的身份有了高低尊贵之分。弥生时代九州、近畿地区出现黥面埴轮,香川县仙游遗址中石棺盖上的黥面,说明文身与墓主人的身份有关,既能用来区别社会等级,也能用以区分不同群体,很可能是身份、氏族的标识。

百越文身习俗中也有相同的内涵,两者之间存在一定的亲缘性。"文身是古代越人的一种成年仪式",高山族、傣族、黎族等很多百越后裔将这种习俗保留下来。宋代范成大《桂海虞衡志·志蛮》记载:"女及笄,即黥颊为细花纹,谓之绣面女。"《台湾府志》有"女子不纹,男子不娶;男子不纹,女子不嫁"的记载。百越文身表明了血缘关系和传统文化的归属,文身后才能成家立业、生儿育女,享有部族赋予的一切权利。不文身者就是违背道义和祖制典章,将不被这个群体所接纳。妇女不文身,被视为背祖离宗,将失去一切作为氏族成员的权利,既无法出嫁,死后灵魂也无法认祖归宗。没有文身的女子死去时,必须用木炭绘上纹饰后方能入葬,违者不能葬于本氏族的墓地。

文身习俗与祭祀、氏族身份关系的密切化大致反映了弥生文化的内涵特点。黥面埴轮作为弥生时代村落发展的产物,在古坟时代仍有延续,只是在与中国文化更为激烈的碰撞下,受到秦汉墨刑的影响,黥面或进一步沦为低等部民的标识。日本文身习俗自7世纪后经历了千年空白期,直至16~17世纪又在日本社会重新复活,但已不具备早期文身的功能和文化内涵。

四、总结

日本文身文化是环中国海文身文化圈的组成部分,具有与百越文化一脉相承的特征。绳文人与越人一样具有海洋人文特质,越人带来的文身文化不但没有遭到排异,反而在这片土壤中沉淀,并得以延续。在越国文化的进一步渗透下,文身在弥生时期发生变型,海洋性特征弱化,农耕性特质明显。具体来说,日本文身的文化内涵从最初的身体保护、审美功能演变成与祭祀、氏族标识、丧葬礼制密切相关的内容。可以说,文身的变迁史呈现的是日本列岛对越地文化持续接纳、不断认知的历史过程。

第四章

越国建筑、墓葬文化在东亚的传播

越国文化在东亚的传播还体现在日、朝对越国建筑文化、墓葬文化的吸收和融合之中。干栏式建筑是越人最典型的建筑特色,这种建筑在日、朝均有发现;吴越土墩墓与日本坟丘墓、朝鲜半岛坟丘墓的相互继承关系也十分明显。

第一节 印山越王陵:越国木构建筑技术与传承

中国的古代建筑从原始社会以来一脉相承,以木构架为其主要结构方式,并创造与这种结构相适应的各种平面和外观,形成了一种固有的传统风格,这是一个完整的木结构系统。

木构建筑技术限于材料易腐、易霉变的特殊性,人类早期的实物遗存难以保存至今,能有幸保存下来的微乎其微,而1996年8月至1998年4月,由浙江省文物考古研究所和绍兴县文物保护管理所联合发掘的印山越王陵的重大发现,给我们呈现了一份距今2500年前越国木构建筑技术的实物资料。专家认定,该墓为春秋末期越王勾践之父允常墓,即《越绝书》记载的"木客大冢"。印山越王允常墓的发现,首次揭示了越国王陵的神秘面纱,王陵规模之大、构筑之精细、墓室形制之独特与豪华,乃至巨大的独木棺和四周保存完好的隍壕设施,都为全国先秦墓葬所鲜见,特别是断面呈三角形的长条形两面坡木结构墓室,不但在浙江地区并无先例,而且在全国也尚属首次发现,具有特别重大的意义,对研究越国木构建筑技术具有无可替代的重要价值。透过这个建筑,我们可以管窥越人干栏式建筑技艺和特色。

一、印山越王陵概况

印山越王陵位于浙江省绍兴市城西约 13 公里的兰亭街道里木栅村西南侧,与绍兴兰亭林场交界的印山之巅。1995 年,绍兴县文物保护管理所据《越绝书》记载并经多次调查,最后以"木客大冢"允常墓的名称公布其为绍兴县重点文物保护单位。这里是半山丘陵地带,四周群山环抱,从考古发掘中发现的大量巨型木材和总量约 1 400 立方米的木炭堆积,可以想象 2500 年前这一地区植被繁茂的景象。

印山海拔 41.7 米,相对高度 20 余米。王陵封土堆规模巨大,整体形状呈东西向长方形覆斗状,顶部平整,底部东西长 72 米,南北宽 36 米,残存最高处 9.8 米。墓坑系凿岩而成,为长方形竖穴深坑,坑口长 46 米,宽度 14 米,坑深 12.4 米,坑底长 40 米,宽 12 米左右。

二、惊世之作的大木构架技术

印山越王允常墓的木构建筑即为墓室建筑。墓室建于墓坑正中,均选用巨大枋木构建而成,经中国林科院检测材质为栎木。墓室东西长 34.8 米,南北宽 6.7 米;室内平面长 33.4 米,宽 4.78～4.98 米,高约 5.5 米,160 余平方米。这是一座横断面呈等腰三角形的人字坡长条形墓室,其中,南北两侧用紧密排列的竖向枋木为侧墙,顶端相互支撑,再用半圆形巨木紧扣两侧斜撑木,似为中脊形式;下端敞开,斜撑在底部的嵌枋上,构成人字形室内空间,从而构建成呈两面斜坡状的室内空间。(图 4-1)。

墓室建于底部堆垫厚达 1.65 米的木炭层的墓坑中,构建的过程是先在木炭层上用截面边长为 0.36～0.42 米的枋木,呈东西向铺设两道等长平行的墓底垫木。这是一个对软基础稳定上部结构的做法,在建筑结构上是一种基础的处理方法,以保证上部结构的平整、稳定,与木结构自身弹性程度

图4-1 印山越王允常墓墓室三角形两面坡木结构立面（绍兴市柯桥区博物馆提供）

相适应，又增强墓室木结构的整体牢固程度。考古学家们在清理古文化遗址时往往会碰上一些柱洞，这是建筑遗址中架设木柱的地方，木柱腐朽了，但在底部会有一些碎陶片、块石或红烧土，或绑扎一些横条以稳定基础，这是对建筑基础的处理，以稳固上部结构。反映了古人对基础处理的惯用手段。墓室木构基础做法是根据建筑环境采取的最合理的技术处理。

垫木总长35米，南、北两侧各有三条枋木连贯而成。在印山越王允常墓保护工程实施阶段，因为发掘工程改变了王陵木构墓室2500多年来的保存环境，为了避免墓坑及已经饱含水分的木炭层长期侵蚀木结构的现状，并促使木结构自然通风干燥，当时对木椁底部的木炭进行了全面清理，并用钢结构按原状支撑替代，完整地保持了上部木结构原状。保护工程历经20余年，木材自然干燥效果良好，基本达到了预期目标。

垫木以上是木结构主体，立面呈两面坡三角形状。底部由65根枋木南北向平铺而成，枋木截面呈矩形，边长0.42～0.75米，通长6.7米，加工极为精致平整。枋木上有宽约2.5厘米的斧凿痕，这是当时的加工痕迹。枋木整体铺设极为严密，并髹漆，与现代室内装修的地板不相上下。

从平面布局上，墓室自东向西分为前、中、后三室。各室之间以门槛、枋梁隔墙做隔断。前室长9.15米、宽4.98米，中室长13.85米、宽4.78米，后室长9.1米、宽4.88米（图4-2）。东、西两端有封门，底部设有挡坎，坎面高出室内地面0.14米，相当于木构建筑的地栿。中室高出前后两室，同样设有挡坎，高出地面0.25米，稳固上层木结构的结合处均凿有深10余厘米的凹槽。从底部平面结构观察，这是一座制作规范、工艺成熟的木结构建筑实例。在整体格局上，从结构设计到制作安装，思路完善，程序紧密，布局合理，具备了完整的中国古代木结构建筑技术要素。挡坎的设置除了工艺上的完备，在功能上更是保障了两侧人字形侧墙撑木及封门墙、后立墙、隔断墙的稳定，是技术上的完备，彻底保障了木结构的安全性和可操作性。巨大的斜撑木每根重量达1000千克，在2500年前的生产力水平和搬运、安装工具的条件下，要安全地安装归位是难以想象的。挡坎及凹槽的设置，为安装时对下端的稳定，防止前后滑动提供了十分有力的保障，这是巨型木构建筑从设计到建造的技术进步。印山越王允常墓木椁墓室的构造为我们提供了十分可贵的木结构建造技术实物史料（图4-3）。

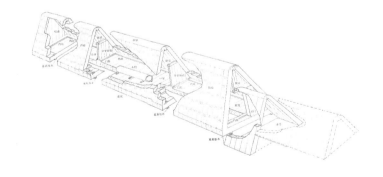

图4-2 印山越王允常墓墓室结构透视
（引自《印山越王陵》①）

---

① 浙江省文物考古研究所，绍兴县文物保护管理局.印山越王陵[M].北京：文物出版社，2002.

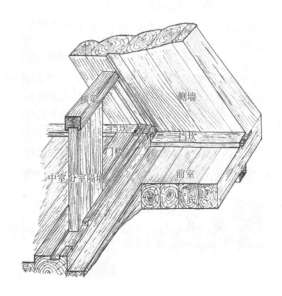

图 4-3 门槛、梁枋、隔墙结构
（引自《印山越王陵》[①]）

在构造处理上，两面坡状的人字形木构墓室完整地形成了一个巨大的室内空间，在木构建筑造型艺术和结构力学与空间组合上，揭示了越国木构建筑在中国古代建筑史上承上启下的地位，它与流行于西汉时期的"黄肠题凑"功能相同，但在木构技术和造型艺术上却大相径庭。

前、中、后三室的布局中，中室地面最高，除了在用材上比前后二室厚 0.15 米左右，室内地面也比前室高 0.25 米，比后室高 0.2 米。在墓葬建筑中，这种构造被称为"棺床"。根据中国古代房屋建筑构造原理，这实际上是中国古代建筑的重要组成部分——中庭的台基。中国的木构建筑类型很多，但不管是哪种类型，最常见的不外乎三部分：底部是宽大的台基，中部为墙柱结构，上部为屋顶。这是等级最高的建筑构成，在商代的甲骨文中已表示得十分清楚。

---

① 浙江省文物考古研究所、绍兴县文物保护管理局. 印山越王陵[M]. 北京：文物出版社，2002.

台基在中国古代建筑发展史上出现很早，人们在脱离穴居巢处"易之以宫室"的时候，就有了建筑的台基。《韩非子》"尧堂崇三尺"，《东京赋》"茅茨土阶"，就是讲尧住的宫室台基高三尺，夯土台阶，茅草盖的屋顶。高贵的建筑就会有台基的设置，印山越王允常墓中室的做法，就是当时高等级建筑的制度。当然，目前我们掌握的资料确实稀少，但正因为稀少才更珍贵，相信随着考古资料的发现与研究的深入，时间会印证我们的观点与推断。作为一座地下木结构建筑的客观现状，建筑师必须考虑的关键问题是防腐、防虫蚀和防止地下木结构被周围的力量挤压而发生倒塌。在防腐、防虫害等自然现象的处理上，建造者使用了大量的木炭、树皮及采用排水沟等，以树皮、木炭的多层包裹来保护地下木结构的安全。而在防止被挤压坍塌的处理上，因地制宜，采用了中国木构建筑材料使用的优势，直接用人字形巨木支撑室内空间的建筑工艺。前面我们讲中国木结构建筑由台基、墙体、屋顶三部分组成，而印山越王允常墓地下木构建筑直接以人字形两面坡顶巨木落地支撑，营造室内空间，是当时的建造者和工匠们集体智慧的创举。

中国的古建筑中，墙一般不承重，建筑依赖柱子支撑，我们说的"房倒屋不塌"即指此。墙的功能主要是美化建筑及空间，安全防护，阻挡严寒酷暑、风雨霜雪。

关于越国建筑墙的形式，出土文物给了我们明确答案。1982年，位于绍兴城南鉴湖镇坡塘狮子山西北坡的绍兴306号墓出土"伎乐铜屋"，时代为春秋时期。据考证，该青铜房屋模型是典型的越国庙堂建筑，平面呈方形，面阔三间，通体阔13厘米，通高17厘米；正面敞开，立圆柱两根，左右两侧为长方格透空立墙，开一长方格窗。屋面为四坡攒尖顶，屋顶立八棱形中心柱，柱上蹲一大尾鸠，室内一组人物，四男两女，奏乐高歌，姿态优美。从结构形式考证，伎乐铜屋应该是一座带有鸠鸟图腾柱的宗庙建筑，它反映的是春秋时期越国宗庙建筑的形式与特征。在建筑上，四坡攒尖顶结构较两面坡人字形结构更为复杂，其结构原理源于两面坡顶建筑。从考古资料证实，这些建筑形式于春秋时期已经在越地共存。

对印山越王允常墓木构墓室建筑没有设墙的问题，梁志明在《印山越王陵木椁墓室看越国春秋时期建筑实例》一文中已有阐述："至于唯一缺少的两坡顶下直立的墙壁结构,这完全是受制于地下建筑所承受极限压力下的科学设计,为了能最有效地保证该木结构建筑的安全牢固与长久,而选择了不设直立墙的这一结构,回归到更加合理的'天地根元造'这一形式。"[1]刘致平在对中国古代建筑住宅类型的分析中,把这一类没有墙壁架高两面坡屋顶构造的窝棚式建筑称为"天地根元造"[2],这是一类起源最早、延续时间最长,直到现代一些特殊地区仍在使用的建筑形式。

必须说明的是,印山越王允常墓木结构墓室的南北两侧由两排共计107根巨型枋木斜向相互支撑而成,构成断面呈等腰三角形的木构空间,每根枋木通长5.9米,截面边长0.5~0.8米,以这些斜撑木构成两面坡人字形构造。而墓室的前后两端仍然使用加工方正的直立枋木构成封墙形式。从结构上讲,这两道直立墙设置在巨型斜撑木下,其功能除隔断以外,更是加强了斜撑木的强度和稳固度,减轻了外界对它的推压影响,这也是整体木结构保持2500年丝毫没变的原因之一(图4-4)。

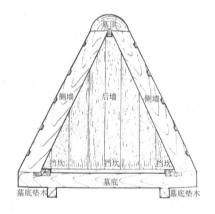

图4-4 印山越王允常墓墓室后墙结构
(引自《印山越王陵》[3])

---

[1] 梁志明.印山越王陵木椁墓室看越国春秋时期建筑实例[C]//林华东,季承人.中国柯桥·越国文化高峰论坛文集.杭州:浙江人民出版社,2011.
[2] 刘致平.中国建筑类型及结构[M].北京:中国建筑工业出版社,1987.
[3] 浙江省文物考古研究所,绍兴县文物保护管理局.印山越王陵[M].北京:文物出版社,2002.

斜撑木构成两面斜坡状结构,我们称之为人字形结构如此构造的主要原因,还在于斜撑木顶端的压顶木的设置,在形式上完全类似地面建筑的脊的构造,当然,它也有稳固两侧斜撑木的功能。在两侧相互支撑的斜撑木的顶端,东西纵向设置一道粗壮的压顶木,它是取整段圆木剖开加工而成,圆弧面朝上,中心部位厚 0.6 米,并做出燕尾榫,紧扣下面两侧斜撑木顶端,从而构成两面坡木结构的顶部结构,联结成一个稳固的整体。压顶木的设置在房屋结构上犹如屋脊压顶,使这组两面坡人字形木结构建筑的台基、墙体、屋顶、屋脊形成完整的结构体系,与中国古代木构建筑基本要素相一致(图 4-5)。

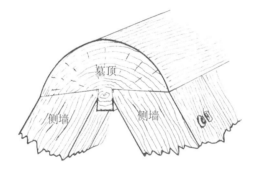

图 4-5 压顶木与侧墙构造
(引自《印山越王陵》[①])

20 世纪 70 年代,浙江余姚河姆渡遗址的考古发掘发现了规模宏大的木结构建筑遗存。据考古发掘报告显示,这是典型的江南地区干栏式建筑遗存,距今约 7 000 年。从越文化研究来说,它应该属于先越时期。河姆渡文化遗址第三、第四文化层发现的大量木构件和建筑遗存,其中包括木桩、方柱、横梁、木板,以及令人惊叹不已的榫卯结构、企口板等,充分显示了河姆渡文化的高超木作技术。从这

---

① 浙江省文物考古研究所,绍兴县文物保护管理局.印山越王陵[M].北京:文物出版社,2002.

越国文化在东亚地区的传播研究

些发现的建筑遗存和构件我们可以肯定,距今约7000年的河姆渡人已经创建了卓越的干栏式建筑。这种两坡顶的干栏式建筑是河姆渡文化的一大显著特征,也是先越原始时期的建筑文化特征,为原始巢居的直接传承与发展。汪济英在《河姆渡遗址试掘漫忆》一文中写道:"木构件往往带有榫卯,在试掘当中虽然发现得不多,但已证实它的客观存在,它显然不是海船上的桅杆,而是无可置疑的木建筑构件,传说中燧人氏构木为巢,看来'巢'的发明远在燧人氏以前。"①这是对7000年前古越先民创造干栏式建筑的充分肯定。中国古典建筑木结构技术之所以取得如此出色的成就,从现有考古发掘资料可证,古越人在这数千年间做出的巨大贡献功不可没。

三、木椁形态是春秋时期越国木构建筑缩影

墓室内的众多珍贵文物流失殆尽,这是无可挽回的遗憾和损失,但留给我们的大木结构设计理念、形式以及对中国古代木构建筑的传承与发展,其价值是空前的。作为一个2500年前的木结构建筑实例,印山越王允常墓在功能上是木椁墓室,但毫无疑问,从结构形式和基本要素来讲,它完全符合古代木构建筑的要求与特征。客观地讲,我们应该调整其纯属墓葬这一思维,对其价值也应该有新的定位,从人文观念和意识形态上来理解它特有的含义,因为它是一座包含着中国古代木构建筑基本要素和理念的春秋晚期木结构建筑实例,在用材和建筑形态上与当时流行的墓葬形式完全有别,与西汉时期的"黄肠题凑"类木椁墓的结构理念与造型又另当别论。反之,从考古资料上看,印山越王允常墓与春秋战国时期直至汉代越地出土建筑形态类文物则有着千丝万缕的联系,渊源、发展序列、艺术传承、结构造型等都相一致,它传递给后人的正是春秋时期越国木结构建筑的发展水平和科技成就。

---

① 汪济英.河姆渡遗址试掘漫忆[M]//浙江省政协文史资料委员会,浙江省文物局.文物之邦显辉煌——考古发掘与文物保护纪实.杭州:浙江人民出版社,2002.

《考工记》是中国最早的一部工程技术专著,它反映了春秋战国时期许多重要的建筑制度,提供给我们一个基本概念。其中有载:"炎帝神农氏始课功、定地、置城邑、设陶冶。按《路史》:神农氏……于是辨方正位,经土分域,乃课功定地为之城池以守之。"这是关于中国古代炎帝神农氏开始课功定地、置城池的记载。

　　文献记载,黄帝有熊氏始建宫室。按《路史》:有熊氏乃广宫室,壮堂庑,高栋深宇,以避风雨。作合宫,建銮殿,以祀上帝。接万灵,以采民言。这里讲的"合宫"即为"明堂",其形制为仅一间殿堂,四面无墙壁,以茅草盖顶,功能上是一处祭祀的场所。古人注释为:"合宫即明堂,中有一殿,四面无壁,茅盖,通水,水围宫垣,为复道,上有楼,从西南入,名昆仑。天子从之入以祭祀。殿其堂,宫其总名也。"从茅盖通水、水围宫垣、上有楼的整体形态理解,这实际上即一座茅盖的干栏式建筑,但在当时是作为祭祀的高层次建筑场所,与绍兴306号墓出土的春秋时期伎乐铜屋房屋模型相比较,建筑技艺的发展是十分明显的,而河姆渡遗址发现的干栏式建筑遗存或许可视为其实例。事实证明,至春秋战国时期,建筑木工的制作技艺已很规范。《周官·考工记》载:"圜者中规,方者中矩,立者中垂,衡者中水。"规与矩已成为建筑营造的基本算数。《周髀算经》讲道:"昔者周公问于商高曰:数安从出?商高曰:数之法出于圆、方。圆出于方,方出于矩,矩出于九,九九八十一万物周事而圆方用焉。大匠造制而规矩设焉。"所以,我们可以理解为,春秋战国时期建筑的全面发展,已经从工匠的实践提高到理论阶段,并以理论指导、规范建筑。建筑除了是一种社会等级制度的反映,更是成熟技艺的真实写照。有关这一时期越国的建筑已多有文献记载,越王勾践在构建小城及山阴大城的同时,也建有宫台建筑。《越绝书》卷八载:"今仓库是其宫台处也。周六百二十步,柱长三丈五尺三寸,霤高丈六尺。宫有百户,高丈二尺五寸。"这是关于越国仓库、宫台的记载。这里的宫台即指越王台,历代方志对它有较详细的记录。《嘉泰会稽志》卷十八记载:"越王台,《旧经》云:种山东北。"

　　除了越王台外,《越绝书》中还有诸如:
　　游台,又称灵台,"龟山者,句践起怪游台也。东南司马门,因以照龟。

又仰望天气,观天怪也。高四十六丈五尺二寸,周五百三十二步,今东武里"。

冰室,"东郭外南小城者,句践冰室,去县三里"。关于冰室,吴国也有,《越绝书》记载:"巫门外冢者,阖闾冰室也。"

美人宫,一名土城,"周五百九十步,陆门二,水门一",是越王勾践罢吴归越后习教美女西施、郑旦的宫台建筑,今称西施山,1963年被公布为浙江省文物保护单位。

关于高台建筑,《中华文明史》第二卷说:"春秋战国以来,诸侯普遍兴建高台建筑。楚灵王建章华台,燕昭王造黄金台,汉武灵王建丛台,以及越王勾践造燕台。"这些文献记载,除了见证中华文明古国的优秀与伟大,更让我们感觉到印山越王允常墓三角形两面坡木构建筑的珍贵与不易。作为一处保存了2500年的木结构建筑,它真实地反映了2500年前越国的建筑形态与科技成熟,结合先越时期的考古发现,我们可以看到其间传承与发展的完整脉络。正是这唯一保存至今的建筑实例,弥补了众多文献记载而无法寻踪的记录;也正是这些不朽的传承,才于宋代成就了《营造法式》这一部中国古代科学著作中最早的建筑学著作,而这部著作成为当时建筑设计、房屋结构模数制的根本法则。

中国的建筑以木构为主体,自原始的蒙昧时代演化至今,其并非呈等差级数,而是略呈等比级数发展着,如石器时代原始人居住条件极其简陋,洞穴、窝棚只求遮风挡雨;随着社会的发展,青铜的发现与使用,反映在建筑上即多雄伟壮观的建筑出现,宫殿、宗庙、陵墓在统治阶层应用;铁器的出现使建筑技艺更趋完善,工程技术及结构形体多标准化、礼制化。此外,建筑的民族形式在中国建筑史上永远是一个重要的课题,越地建筑有中国古代建筑发展的共性,更有着越民族的个性。印山越王允常墓木椁建筑结构是考古史上的重要发现,也是春秋时期建筑实例的完美呈现。作为木结构实例,它已经跨越了墓葬的范畴,以一个完美的木构建筑造型向我们展示了那个时代的建筑形态。这对越国文化研究是一份重要的资料,对中国古代建筑史的研究同样弥足珍贵,填补了这一时期实物资料的空白。

第二节 日本干栏式建筑的发现与认识

居住面悬空的"干栏式"建筑又称巢居、脚楼,源自河姆渡文化时期,是水乡、河岸地区山水环境中特殊而多样的聚落形态,是百越先民特殊聚落文化最重要、最常见的内容。《博物志》卷三《五方人民》曰:"南越巢居,北朔穴居,避寒暑也。"《岭外代答》卷四《风土门》载:"深广之民,结棚以居,上设茅屋,下豢牛豕。棚上编竹为栈,不施椅桌床榻","乃上古巢居之意也"。《临海水土志》载:"安家之民,悉依深山,架立屋舍于栈格上,似楼状。"百越先民的干栏式建筑遗迹在东南史前至秦汉时期的考古发现中屡见不鲜,如新石器时代的浙江余姚河姆渡遗址、吴兴钱山漾遗址发现了和夏商时期的广东高要茅岗遗址等水乡、河岸处,发现了干栏式房屋废弃后遗留的成排的木结构桩础遗存,在战国秦汉时期的福建武夷山城村的闽越王城遗址中还发现了建筑大型木结构柱础支撑的干栏式"宫殿"。

战国秦汉时期,干栏式建筑不仅见于长江中下游的平原湖泽地区,还进入了山地,出现了不同的变形,如施斗拱、半干栏、吊脚楼等,表现出独具一格的地方特色。在汉代的明器陶屋中,有各种形态的干栏建筑模型,从院落房屋谷仓到多层楼阁坞堡等,类型之多、数量之多、分布之广亦为前代少有,说明这是当时广泛流行的一种建筑形制。

隋唐以后,随着汉式建筑领地的逐步扩大,干栏式建筑日渐式微,时至今日,只有云南、贵州、四川、广西、湖南以及海南岛、台湾等地的部分地区,也就是所谓百越后裔少数民族中还留存着这种建筑。这些民族由于生活在深山峡谷、交通不便之处,居住习惯保留了下来。笔者曾在贵州山区进行田野调查,发现在交通闭塞的少数民族山区,干栏式建筑仍然是最为主要的建筑形式之一(图4-6、图4-7)。

图4-6　贵州反排苗寨的鼓楼
（笔者摄于贵州反排苗寨）

图4-7　贵州反排苗寨的仓库
（笔者摄于贵州反排苗寨）

越地建筑遗存在中国古代建筑遗存中占比不高，但它在我国建筑谱系中的地位却极为重要。20世纪90年代发掘的绍兴印山越王陵中的木椁墓室，使我们看到了后来消亡了的建筑结构形制，那就是三角形窝棚式建筑。据著名建筑学家朱光亚介绍，这种建筑形式与云南出土的汉代青铜器中的建筑形象以及日本神社所保留的窝棚式建筑有密切的关联。[①]

日本绳文时代的建筑传统是地穴式建筑，进入弥生时代后，出现了干栏式建筑，形成了地穴式建筑和干栏式建筑两个系统同时并行的建筑风格，这是受百越建筑文化影响的结

[①] 朱光亚.越地建筑文化简说[C]//浙江省越国文化研究会.中国柯桥第五届浙江省社会科学界学术年会分论坛越文化暨遗产保护利用学术论文集.杭州：西泠印社出版社，2021：3.

果。众所周知,日本弥生时代的标志是"稻作",具体就是水田农耕的利用和金属器的使用,在此基础上,鸟越宪三郎认为还应当加入"干栏式建筑"这一文化元素。他认为倭人人工培育水稻时为避免水淹,用干栏式建筑来保证火的使用并存储稻谷,水稻种植和干栏式建筑是中国南方地区稻作文化的特质,继承这一特质的倭人才能称得上弥生人。[①]可见,干栏式建筑的产生改变了日本原住民的居住方式,具有划时代的重要意义。日本弥生时代的主要建筑形式有四种:竖穴建筑、平地建筑、平屋建筑、干栏式建筑。综合调查弥生时代的遗址,发现绳文时代晚期和弥生时代早期竖穴建筑遗存最多,而弥生时代中后期广泛存在的是竖穴建筑+干栏式建筑、竖穴建筑+干栏式建筑+平屋建筑、平地建筑+干栏式建筑、平屋建筑+干栏式建筑等组合形式[②],也就是说干栏式建筑作为一种主要的建筑形式已经被广泛运用于生活中了。

在福冈地域文化论坛委员会所编《从福冈到亚洲——探寻弥生文化的源流》一书中,多位专家详细分析了弥生时代北九州的干栏式建筑遗存,充分证明了这一建筑形式是随着稻作文化一同传入日本的。

吉武高木遗址位于福冈市室见川中流流域左岸一带。西侧临饭盛山,自西南至东北有一条日向川,形成一个广阔的扇形地。遗址的主要时代是弥生时代的前期末段(前2世纪)至中期末段(1世纪)以及古坟时代中期(5世纪)。据考证,遗址北部为弥生中期初段的竖穴式屋地群,几乎都是圆形竖穴,遗址南部发现有立柱建筑群遗迹,距吉武高木墓地东侧50米的地方有类似带回廊的大型立柱建筑。根据遗构情况复原为高殿,具典型的干栏式建筑结构特征(图4-8)。

福冈县甘木市平塚川添遗址发现约300座竖穴屋地和约150座立柱建筑。立柱残留较多,可以认定为建筑遗构。建筑规模不一。其中聚落中央有四栋带有总柱的建筑物(101号—104号),并排成列。四栋建筑规模大体

---

① 若林弘子.稲作と建築[C]//「文明のクロスロード·ふくおか」地域文化フォーラム.福岡からアジアへ——弥生文化の源流を探る.福岡:西日本新聞社,1993:99.
② 若林弘子.稲作と建築[C]//「文明のクロスロード·ふくおか」地域文化フォーラム.福岡からアジアへ——弥生文化の源流を探る.福岡:西日本新聞社,1993:85.

相同,立柱几乎在一直线上,可见排列得十分整齐有序。复原为干栏式高殿(图4-9),说明这是该遗址的政治中心。

图4-8 吉武高木遗址高殿复原图
(引自《吉武高木遗址》①)

图4-9 平塚川添遗址101号-104号高殿复原图
(引自《平塚川添遗址建筑群》②)

---

① 横山邦続.吉武高木遺跡[C]//「文明のクロスロード・ふくおか」地域文化フォーラム.福岡からアジアへ——弥生文化の源流を探る.福岡:西日本新聞社,1993:4.
② 川端正夫.平塚川添遺跡建築群[C]//「文明のクロスロード・ふくおか」地域文化フォーラム.福岡からアジアへ——弥生文化の源流を探る.福岡:西日本新聞社,1993:60.

位于佐贺县神埼郡的吉野里遗址,据考古发现,其内涵贯穿了整个弥生时代。整个遗址包括弥生前期初段的呈分散状的小聚落、前期前半至后期约3公顷的环壕聚落以及后期40公顷的日本国内最大级别的环壕聚落,是研究弥生时代村落形成和社会结构变化的珍贵史料。环壕聚落内壕的凸出部位发现楼阁、楼观(图4-10),外环壕迹的外侧发现干栏式建筑遗迹(仅留有柱洞)(图4-11)。据铜铎和陶片的图像复原,为具有长脊短檐的两面坡屋顶,这一般是用于储藏的仓库。[①] 该遗址发现弥生中期后半期至后期末期的立柱建筑遗迹100根以上,可见后期存在大型干栏式建筑群。据统计,共有半地穴式屋地350座(图4-12)、干栏式建筑60座。弥生后期大规模环壕聚落中,南内郭和北内郭两处环壕环绕的区域内,从区域内部和周围发现地穴式建筑和立柱建筑遗迹共存。根据立柱建筑遗迹的位置关系遗迹以及与其他构造的关联,可以判断出这分别是干栏式建筑、楼观和楼阁等

图4-10 楼观复原图
(笔者摄于吉野里遗址公园)

---

① 安志敏.日本吉野里和中国江南文化[J].东南文化,1990(5):193.

建筑。① 这与《魏志·倭人传》中"居处宫室楼观,城栅严设,常有人持兵守卫"的描述相符。

图4-11 干栏式建筑复原图
(笔者摄于吉野里遗址公园)

图4-12 半地穴式屋地复原图
(笔者摄于吉野里遗址公园)

---

① 七田忠昭.稲作と建物[C]//「文明のクロスロード· ふくおか」地域文化フォーラム.福岡からアジアへ——弥生文化の源流を探る.福岡:西日本新聞社,1993:66.

值得注意的是，立柱建筑不等同于干栏式建筑，主要判断依据为立柱之间的距离。属于干栏式建筑的是梁间一间型立柱和总柱型，梁间两间以上的立柱型建筑属于平屋建筑。① 此外，由于弥生时代建筑遗构往往只残留部分木构或柱坑等，要窥探全貌十分困难。人们最终是根据弥生陶器、铜铎上的建筑绘画或者古坟时代的考古资料，比如铜镜、家屋形埴轮，以及国内外遗存的干栏式建筑等将其复原（图4-13）。

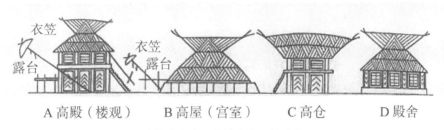

图4-13 奈良县佐味宝塚古坟出土家屋纹镜上的四栋建筑
（引自《吉武高木遗址》②）

根据上述摘录可以得出几点结论：其一，干栏式建筑在日本列岛流行的年代大约在弥生中期至古坟时代。其二，从干栏式建筑在遗址中所处的位置我们不难发现，它的功能丰富，有用于瞭望，起御敌作用的楼观；有储存粮食，为整个村落提供经济保障的仓库；有处于集团中心，代表最高权力的

---

① 宮本長二郎. 弥.生建築の現状と課題[C]//「文明のクロスロード・ふくおか」地域文化フォーラム. 福岡からアジアへ——弥生文化の源流を探る. 福岡：西日本新聞社，1993：79.
② 横山邦続. 吉武高木遺跡[C]//「文明のクロスロード・ふくおか」地域文化フォーラム. 福岡からアジアへ——弥生文化の源流を探る. 福岡：西日本新聞社，1993：47.

政治象征——高殿。换言之，干栏式建筑是一个集团政治、军事、经济中心的所在地。其三，干栏式建筑反映了日本弥生时代的原始社会形态，伴随村落产生而来的集团间的冲突，这时就需要集合整个集团的力量来对抗敌人，不但要发展农事、军事，还需要借助巫术来守护村落，干栏式建筑的出现无疑是符合原始社会发展规律的。

日本干栏式建筑继承了越地建筑文化的传统，成为弥生时代至古坟时代流行的建筑样式，并一直影响到后世。在春秋战国时代，随着楚灭越，秦始皇攻百越、入岭南，越人被迫迁徙。干栏式建筑也随着人群的移动扩散至东南亚和东亚地区，给当地的居住形态带来极大的影响。笔者认为干栏式建筑经过不断发展，到了平安时代（794－1185），形成了被称为寝殿式建筑的住宅风格，定型为以天皇家为首的贵族住宅的建筑方式，确立了现代日本住宅的原型之一（图4－14）。这进一步体现了日本文化对越国文化因素的吸收和融合。

图4－14　京都御所
（笔者摄于日本京都）

第三节　朝、日坟丘墓与吴越土墩墓的同源关系

朝鲜半岛坟丘墓概况及特点

朝鲜半岛在商周至春秋战国流行的墓葬形式是支石墓①，这是与中国吴越土墩墓完全不同的系统。然而到了三国时代，朝鲜半岛西南部地区的坟丘墓变得相当流行。坟丘墓发现的地域与马韩地域相当，在京畿道、忠清道、全罗道等面向黄海的马韩文化圈内广泛流行。坟丘墓与埋葬设施设于地下的封土墓不同，其埋葬设施位于坟丘中。据林永珍的研究，首尔、京畿地区的可乐洞2号坟（图4-15），汉江南岸的石村洞87-2号围石坟丘墓（图4-16），忠清地区的瑞山富长里遗址，咸平万家村13号坟（图4-17），罗州新村里9号坟（图4-18）等都是典型的坟丘墓。这些坟丘墓的特征表现为：①堆土成坟堆；②分布地域大致在濒临黄海的韩国西南部地区；③埋葬位置都在低矮丘陵的正上方；④坟丘形态为方台形、梯形；⑤墓葬周围有周沟；⑥埋葬设施有土圹、瓮棺、石床；⑦有多次埋葬现象，或在中心坟丘内进行埋葬，或通过扩张中心坟丘进行埋葬；⑧年代大约在公元前后至公元6世纪。

林氏认为马韩地区的坟丘墓与吴越地区的土墩墓形制相似，因此这种形制很可能来自吴越的土墩墓。② 日本学者樋口隆康也持相同的观点。③ 笔者将通过考察吴越土墩墓的特点来揭示两者之间的关联。

---

① 王仲殊. 从东亚石棚（支石墓）的年代说到日本弥生时代开始于何时的问题[J]. 考古, 2004(5).
② 林永珍. 吴越土墩墓与马韩坟丘墓的构造比较[J]. 孙璐, 译. 东南文化, 2010(5).
③ 樋口隆康. 吴越文化及其对弥生文化的影响[J]. 蔡小妹, 译. 东南文化, 1991(3,4).

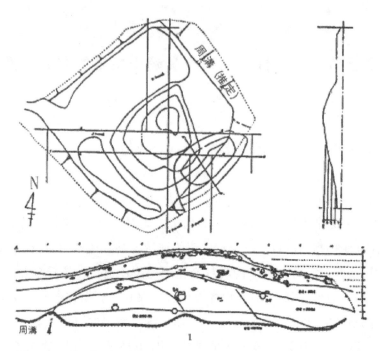

图 4-15 可乐洞 2 号坟
（引自《吴越土墩墓与马韩坟丘墓的构造比较》①）

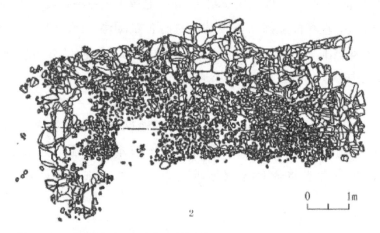

图 4-16 石村洞 87-2 号围石坟丘墓
（引自《吴越土墩墓与马韩坟丘墓的构造比较》②）

---

① 林永珍.吴越土墩墓与马韩坟丘墓的构造比较[J].孙璐,译.东南文化,2010(5):111.
② 林永珍.吴越土墩墓与马韩坟丘墓的构造比较[J].孙璐,译.东南文化,2010(5):111.

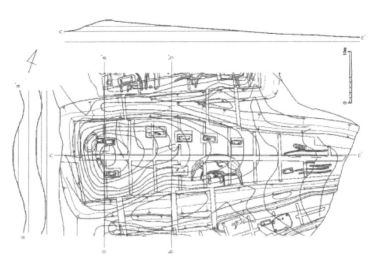

图 4-17 咸平万家村 13 号坟
(引自《吴越土墩墓与马韩坟丘墓的构造比较》①)

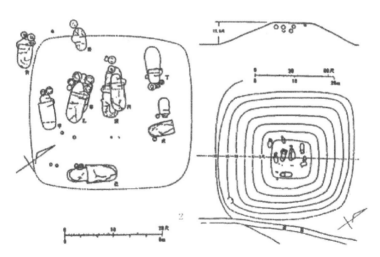

图 4-18 罗州新村里 9 号坟
(引自《吴越土墩墓与马韩坟丘墓的构造比较》②)

---

① 林永珍. 吴越土墩墓与马韩坟丘墓的构造比较[J]. 孙璐,译. 东南文化,2010(5):111.
② 林永珍. 吴越土墩墓与马韩坟丘墓的构造比较[J]. 孙璐,译. 东南文化,2010(5):111.

二、土墩墓的产生

土墩墓是长江以南东南沿海地区先秦时期广泛流行的一种墓葬形式,上自夏商之际,下至战国早期,已有3000多年的历史。土墩墓主要分布在今江苏南部、浙江大部及安徽南部部分地区,江西东北部及福建西北局部地区也有少量发现,以苏南宁镇地区和江浙环太湖地区、浙东宁绍地区分布最为密集,大多分布在海拔200米以下的山脊分水线及低山丘陵岗地,水网平原地区也有少量分布。

1959年,皖南屯溪发现2座大型西周墓葬,1号墓除出土大量吴越墓葬常见的原始瓷器外,还出土了一批兼具中原文化特点的青铜礼器,尤其是不挖墓坑、用鹅卵石铺砌墓底、墓上加盖封土的筑墓方式,被认为是"平地无墓坑的封土葬法",是"新出的一个范例"。[①] 20世纪70年代,江苏省考古工作者通过对句容浮山果园,高淳顾陇、永宁等地土墩墓的发掘,初步了解了这类特殊遗存的文化内涵和基本特点,进而明确提出"土墩墓"的概念。[②] 土墩墓外观表现为地表以上明显隆起的馒头形土墩,土墩平面较规整,大多呈圆形或椭圆形,部分有石室的土墩顶部相对较平坦,少数规模较大的土墩略呈覆斗状,与《周易·系辞下》所谓"不封不树"的中原地区墓葬传统截然不同。邹厚本从墓葬形式、时代等方面对土墩墓墓葬做了总结,将其特点概括为平地起封、埋于熟土之中、无坑、一墩一墓或一墩多墓、时代为商代至战国。[③] 中央民族大学的杨楠结合随葬器物、随葬时间及分布范围,进一步补充为:土墩墓是流行于江南地区的,以地上掩埋、封土成墩为特征,以随葬印纹硬陶与原始瓷器为特色的古墓遗存,其存续时间约当中原的夏商周时期。[④] 根据目前掌握的资料,土墩墓涵盖的历史,最早可达夏商之际,最晚可至战国早期,其时空框架与文献记载的吴、越国基本吻合。土墩墓具有鲜明

[①] 安徽省文物局文物工作队.安徽屯溪西周墓葬发掘报告[J].考古学报,1954(4).
[②] 南京博物院.江苏句容浮山果园西周墓[J].考古,1977(5).
[③] 南京博物院.江苏南部土墩墓[J].文物考古丛刊,1978.
[④] 杨楠.土墩墓及其相关概念之辨析[J].东南文化,2013(5):34.

的地域文化特征,与中国其他地方的墓葬遗存迥然有别。

　　石室土墩墓是土墩墓中一种特殊的墓葬形式,多位于山脊分水线上,以串珠状分布居多,墩内墓葬系平地向上用块石构建长条形墓室。1954年,江苏吴县(今属江苏苏州)五峰山"烽燧墩"的发掘,揭开了石室土墩遗存发掘和研究的序幕。① 对于这类墓葬的性质,一时有"烽燧墩""古战堡""藏兵洞"等多种说法,如今随着考古资料的积累和研究的深入,墓葬之说已在学界得到公认。此类墓葬仍属于土墩墓范畴,只是选用块石作为构建墓室的材料。

三、吴越土墩墓的特点

　　土墩墓根据时期和区域不同,呈现出不同的特点。杨楠将吴越地区的土墩墓遗存分为西、东、南三大区块,西区为宁镇地区,东区为太湖—杭州湾地区,南区为黄山—天台山以南地区,各大区又细分为若干小区。② 下面列举数例予以说明。

　　宁镇地区的土墩墓主要集中在丹徒、丹阳、金坛、溧水、高淳、郎溪、南陵、繁昌等。这一区域比较重要的考古发掘工作是句容浮山果园、寨花头,金坛薛埠土墩墓群,共发掘土墩墓40座,出土随葬品3 800余件,发现了一批同一土墩内墓葬向心结构布局的土墩墓,以及墓上、墓下建筑遗迹等。句容浮山果园1号墩是一个馒头形的土墩(图4-19、图4-20)。经过发掘发现,这个土墩内是个墓葬群,是西周早期墓葬。墓中的尸骨大都腐烂无存,两处发现有人齿7枚,一处发现残腿骨2根。随葬器物共358件,出土陶瓷器大多为生活用具,还有少数生产工具。陶瓷器从质地上分有夹砂陶、泥质陶、几何印纹硬陶、原始瓷等,从器形上分有甗、鼎、甌、贯耳釜、坛、罐、豆、盅、盆钵、器盖以及纺轮等。③ 浮山果园1号墩内墓葬存在着打破关系,M10和M13打破M11,通过对比,M10、M13和M11在墓葬形制和出土器物的形式、纹饰、种类等方面存在着一定的差别,可以推测存在着多次葬的现象。

---

① 朱江.吴县五峰山烽燧墩清理简报[J].考古通讯,1955(4).
② 杨楠.江南土墩遗存研究[M].北京:民族出版社,1998.
③ 镇江市博物馆浮山果园古墓发掘组.江苏句容浮山果园土墩墓[J].考古,2006(2):107.

图 4-19 句容浮山果园 1 号墩示意图
（引自《江苏句容浮山果园土墩墓》①）

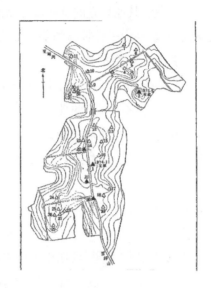

图 4-20 句容浮山果园 1 号墩剖面图
（引自《江苏句容浮山果园土墩墓》②）

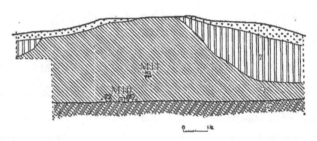

太湖—杭州湾地区主要包括长江以南、太湖北岸、茅山以东的苏南地区，太湖南岸的杭嘉湖地区，浙东宁绍地区，浙中东阳、义乌等。这一区域的土墩墓有平地掩埋的土墩墓和石室土墩墓两个类型，且常见两种类型的土墩墓在同一地点共存的现象。如1982年发掘的长兴便山37座土墩墓，位于几条相邻的山脊线上，包括34座石室土墩墓、3座平地掩埋

---

① 镇江市博物馆浮山果园古墓发掘组. 江苏句容浮山果园土墩墓[J]. 考古, 2006(2):108.
② 镇江市博物馆浮山果园古墓发掘组. 江苏句容浮山果园土墩墓[J]. 考古, 2006(2):109.

的土墩墓。① 1984 年发掘的慈溪彭东、东安乡 11 座土墩墓，包括 9 座石室土墩墓、2 座平地掩埋的土墩墓。② 1999 年发掘的德清独仓山 10 座土墩墓，6 座石室土墩墓位于山脊较高处，4 座平地掩埋的土墩墓位于山顶向东延伸的山脊低段。③ 2011—2012 年发掘的萧山柴岭山 37 座土墩墓，14 座为石室土墩墓，23 座为平地掩埋的土墩墓，其中 1989 年发掘的湖州堂子山 D211 土墩墓（图 4 - 21），甚至发现石室墓和平地掩埋的土墩墓同处一墩且相互打破的现象，年代从西周早期至战国晚期④，可见经过多次埋葬。太湖—杭州湾地区土墩墓的随葬器物主要为印纹硬陶和原始瓷两大类，泥质陶和夹砂陶器很少，且质地极差难以修复，除极个别墓葬出土小件青铜农具外，不见随葬青铜礼乐器、兵器，更不见随葬青铜车马器。陪葬陶瓷器的器物种类包括：印纹硬陶坛、瓮、罐、瓿，原始瓷豆、碗、盘、盂、杯、碟、罐等，少数墓葬随葬鼎尊、卣筒形罐等仿青铜器的原始瓷礼器。

图 4 - 21　堂子山 D211 土墩墓南北剖面图
（引自《浙江湖州堂子山土墩墓发掘报告》⑤）

---

① 浙江省文物考古研究所.浙江长兴县便山土墩墓发掘报告[J]//浙江省文物考古研究所学刊.北京:科学出版社,1993.
② 浙江省文物考古研究所.慈溪市彭东、东安的土墩墓与土墩石室墓[J]//浙江省文物考古研究所学刊.北京:科学出版社,1993.
③ 浙江省文物考古研究所,德清县博物馆.独仓山与南王山——土墩墓发掘报告[M].北京:科学出版社,2007.
④ 湖州市文物保护管理所.浙江湖州堂子山土墩墓发掘报告[J].东方博物,2004(11).
⑤ 湖州市文物保护管理所.浙江湖州堂子山土墩墓发掘报告[J].东方博物,2004(11):18.

黄山—天台山以南地区发现的土墩墓数量远不及前述两个区域,其中浙江衢州地区发现较多。1983年,衢州市文管会发现衢江、云溪两江汇合处的西山大队四周有八个土墩(图4-22),直径50~150米。经发掘发现均为平地以上用卵石铺垫墓床,或在人工堆筑的浅坑内铺设石床,多见石床、红烧土、木炭等防潮设施。墓葬出土原始青瓷12件、陶器4件、装饰品36件,据考证,年代为西周时期。① 皖南屯溪发现的8座墓葬同样规模较大,且多见卵石铺垫的石床,个别墓葬时代与衢州云溪墓葬相近,多数明显可晚至西周中晚期。②

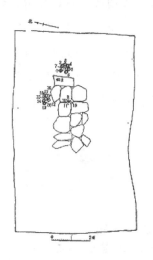

图4-22 西山土墩墓平面图
1-6、15.罐 3.豆 7.泥珠 8、12-14、17、18.盂 9、11.骨饰 10、19.玉玦
(引自《浙江衢州西山西周土墩墓》③)

该区域内均为平地掩埋的土墩墓,目前尚未发现石室土墩墓。从出土的随葬品来看,屯溪和衢州云溪乡的大型土墩墓出土原始瓷器数量多,且多明显成组出现,印纹硬陶器数量很少,泥质墓必出陶和夹砂陶器几乎不见。与太湖—杭州

---

① 贡昌.浙江衢州西山西周土墩墓[J].考古,1984(7):591.
② 金华地区文管会.浙江衢州西山西周土墩墓[J].考古,1984(7).
③ 贡昌.浙江衢州西山西周土墩墓[J].考古,1984(7):591.

湾地区不同的是,除原始瓷器类、釉色等具有自己的特点外,屯溪土墩墓还出土了较多青铜礼器、兵器、工具、车饰,衢州土墩墓也出土了青铜剑、礼器、戈、矛、镞、刀等兵器,甚至还出土了青铜车马器及大量玉器。江山市南区的两个土墩墓,墓葬时代上自夏商,下至西周晚期,多数墓葬早于西周,从出土遗物的面貌看似可与福建北部蒲城、光泽等地的土墩墓连成一片,尽管闽北的土墩墓多见很浅的墓坑。①

综上所述,吴越地区三个分区的土墩墓呈现差异性,这应当与这些地区自身文化传统密切相关。当然,这些土墩墓的共性还是十分明显的,总结如下:

(1) 堆土成坟丘。

(2) 广泛分布在吴越地区。

(3) 墓葬外形呈长方形或圆形。

(4) 尸身放置于地面,或者先部分堆土成坟丘,然后挖土坑安置。埋葬设施有石床、围石、烧土等,也有使用木棺的。

(5) 墓葬周围有周沟水塘。

(6) 有一墩一墓,也有一墩多墓。

(7) 存在多次埋葬现象。或在中心坟丘内进行埋葬,或通过扩张中心坟丘进行埋葬。

(8) 年代大约是西周早期至战国早期。

四、马韩坟丘墓和吴越土墩墓的关系

据上述比较,不难看出马韩坟丘墓和吴越土墩墓除了出土遗物,在墓制结构和埋葬形式等方面都具备很高的关联度。此外,值得注意的是两者之间存在着时空上的巨大差异。马韩坟丘墓流行于公元前后至公元6世纪,而吴越土墩墓的年代最晚到战国早期(前5世纪),这大约500年的时间差

---

① 牟永抗,毛兆廷.江山县南区古遗址墓葬调查试掘[J]//浙江省文物考古研究所学刊.北京:文物出版社,1981.

让人不得不怀疑两者之间是否存在直接的联系。因此,有学者认为,马韩坟丘墓并非源于中国江南地区的吴越土墩墓。① 那么马韩坟丘墓的源头究竟在哪里,是否真的与吴越土墩墓毫无关系?

杨楠指出:"土墩墓的形式最早出现在夏商之际的江南地区,然后出现于豫皖两省的江淮之间,大约在春秋中晚期以后扩展到南方其他地区和北方中原一带,进而延续到汉代及其以后广大地区的墓葬遗存。"② 20世纪80年代以来,湖州市杨家埠、安吉县上马山等地陆续发掘了一批带封土墩的汉代墓葬遗存,随后江苏、山东、安徽、湖南、云南等地也有一些类似的考古发现。研究者认为这一类汉代墓葬遗存无论是构造特征、营建方式还是一墩多墓等特点,都与土墩墓相类似,因此提出了"汉代土墩墓"的概念,同时主张将此前的"土墩墓"称为"先秦土墩墓"③。由此可以看出,吴越两国在战国早期逐渐退出了历史舞台,吴越土墩墓作为一种区别于其他族群的文化特征虽然消亡了,但作为一种墓葬的外在形式依然存在并延续着。到了汉代,土墩墓的文化面貌早已脱离了吴越的基础,因此称之为"汉代土墩墓"更为恰当。这也从侧面反映了汉代土墩墓与吴越土墩墓外在形态上的继承关系。而从时空上来看,两汉与马韩坟丘墓流行年代存在接点,土墩墓完全有传播到朝鲜半岛的可能性。

综上所述,笔者认为马韩坟丘墓与中国江南地区吴越土墩墓有比较密切的关联,两者在文化特征上存在着一定的差异,但在墓葬形式上具有同源关系。当然,这种跨越时空的文化互动是由与吴越土墩墓有相互继承关系的汉代土墩墓向朝鲜半岛西南地区扩散来实现的。

五、日本坟丘墓与吴越土墩墓的关系

日本吉野里遗址保留了重要的弥生时代坟丘墓资料。吉野里的墓葬主要集中在村落的北部,现已发掘2 500多座,其中弥生中期的大型坟丘墓最

---

① 黄建秋. 江南土墩墓三题[J]. 东南文化,2011(3).
② 杨楠. 土墩墓及其相关概念之辨析[J]. 东南文化,2013(5):37-38.
③ 李晖达. 试论浙江汉代土墩遗存[J]. 东南文化,2011年(3).

为引人注目。墓内的具体形式是瓮棺葬,从这一点来说吉野里的坟丘墓与朝鲜半岛有密切的联系。但从墓葬习俗来说,具有一个坟丘内多次埋葬的特点,这一点与吴越地区的土墩墓是一致的。日本学者樋口隆康认为:"考虑到日本古坟的源流,愈发现弥生时代的坟丘墓是北进文化的产物,从其源流而言,吴越的土墩墓更加引人注目。"[①]根据考古学界的共识,日本坟丘墓存续年代大约在公元前3世纪至公元3世纪,公元前3世纪正好是"越以此散"的发端,是越人随着越国覆灭向外迁徙的高峰期。因而,日本坟丘墓的存续与越人在战国时期的流散在时空上是符合的。日本弥生初期大量渡来人中包括朝鲜半岛以及越地移民,日本坟丘墓的特色应该是吸收了两者的墓葬文化而形成的。

---

① 樋口隆康. 吴越文化及其对弥生文化的影响[J]. 蔡小妹,译. 东南文化,1991(1).

第五章

越国玉石器文化在东亚的传播

中国人自古对于玉的定义比较宽泛,从历史来看,玉器的概念是不断扩充发展的。中国古代历史文献中,泛指美石为玉以前,玉仅指透闪石。夏鼐先生主张玉器的界定应以矿物学上玉的概念为标准,只有透闪石及辉石的制品,才可以称为玉器。杨伯达先生认为以硬玉、软玉、蛇纹石、水晶、玉髓等为原料而制作的工具、佩饰、祭器、陈设品等皆为玉器。两人对玉器概念的诠解,涵盖了玉的狭义与广义的范围,代表现今中国学术界对玉器基本的阐释。广义、狭义的玉器概括,两者很难偏废,可以互相补足。从感性的广义角度,"美石为玉"的观念深入人心,所以笔者把金属以外自然形成的非有机质矿石打磨或雕琢的器物统称为玉石器。

第一节 源远流长的越国玉石器文化

一、先越时期越地玉石器

古越先民很早就有意识地使用一些不同于普通石头的材料,并且逐渐赋予其越来越多超出自然属性的内涵。人们首先在长江下游距今8 000～5 000年间的遗址中发现了玉器,目前发现较早的玉器主要有:跨湖桥遗址(距今8 000～7 000年)玉璜2件,已经运用钻孔技术[1];河姆渡文化(距今约

---

[1] 浙江省文物考古研究所.萧山跨湖桥新石器时代文化遗址[J]//浙江省文物考古研究所学刊.北京:长征出版社,1997:18-19.

7000年)的田螺山遗址在一个灰坑内页出土了萤石、燧石制品,由39件块状原料、管珠玦类半成品和两件燧石质钻具组成[1];河姆渡遗址各地层出土玉石器有玉玦32件、玉璜30件、玉管形器36件、玉珠形器90件;马家浜文化(距今7000余年)的罗家角遗址出土玉管2件;马家浜遗址出土玉玦10件;邱城遗址出土玉玦4件。这些地区所出土的玉器,均以玉玦、玉璜、玉珠、玉管等小件器为特点,有些还不是真正意义上的透闪石软玉,而是石英、叶蜡石、萤石、方解石等为材料的"玉石器"。

新石器时代晚期,即距今5300～4300年,长江下游的良渚文化成了中国南方以玉文化为主要内涵的文化中心。良渚文化玉器属于阳起石—透闪石系统,品种繁多。以反山遗址为例,11座墓葬出土单件玉器达到3 223件。反山M12墓出土玉器种类约32种,包括琮(图5-1)、钺、璧(图5-2)、杖镦、杖瑁、半圆形饰、锥形器、管状器等,其上或有繁缛不一的雕琢纹饰。这些雕琢技术相当成熟,与玉器发生期相比不可同日而语。如柱形器(M12:87)在展开面积不足135平方厘米的面积上雕饰12个神人兽面纹图案(图5-3),一件杖镦(M12:90)在2.2毫米的宽度中雕琢的弦纹达到10条之多。良渚文化玉器多作为一种非实用的礼器使用,并形成一系列规范,无论表达的是不是对天人关系的强调或对祖先的敬畏,都形成了世界文明史上独特的文化特征。神人兽面纹、龙首纹等纹饰不仅仅在良渚遗址中心区域的各墓葬出现,在整个太湖—钱塘江区域内都普遍存在,图案规范,呈模式化。因此,"祭坛和玉质礼器成为神权的象征和社会存在和运转的基础"[2]。

1983年发现的绍兴马鞍仙人山、凤凰墩遗址,系新石器时代晚期村落遗址,距今5000～4000年,其文化内涵与良渚文化有许多相似之处。仙人山遗址第二文化层出土文物除陶器外,石器有破土器、台阶式有段锛、柳叶形石镞以及玉管、珠、环等;第一文化层距今4000～3500年,出土石器有凹槽式有段锛、半月形石刀等。凤凰墩遗址距仙人山遗址仅600多米,文化层厚度约1米,时代距今约4000年,发掘出石器有刀、凿、钺、镞、砺石等,玉器

---

[1] 孙国平,黄渭金.余姚田螺山遗址初现端倪[J].中国文物报,2004.
[2] 陈淳.考古学的理论与研究[M].上海:学林出版社,2003:574.

图5-1 良渚玉琮
（绍兴市越中艺术博物馆提供）

图5-2 良渚玉璧
（绍兴市越中艺术博物馆提供）

图5-3 良渚柱形器
（浙江省博物馆提供）

有管、珠、锥形饰、镯、璧等装饰品。绍兴城北的壶瓶山遗址可分为三个时期：商代文化层、西周文化层、春秋战国文化层，分布范围约2万平方米。在其西周时期文化层中出土了除陶器外有有段石锛、石镞及玉管等。绍兴安昌后白洋遗址出土石器有破土器、半月形石刀、石镞、石锛等，从其出土石器和陶器特点看，该处遗址时代在西周晚期至春秋初期。

先越时期的玉石器是以良渚文化为中心而发展演化的，从玉石器发生期以小件装饰器为特点，到良渚时期发展为成熟且工艺高超的成组玉质礼器影响整个东亚文明进程，再到绍兴马鞍古文化遗址中发现的为适应稻作文明发展而产生的石质农具等，这都对春秋战国时期越国玉石器的发展产生巨大影响。

二、越国时期的玉石器

2003年浙江东阳市六石镇发现两座大型土墩墓，其中一座编号D2M1出土春秋时期的玉石制串饰件和佩饰件多达3000件（组），这些玉石器大部分为各类饰品，主要有臂环、璜、玦、环、管珠、月牙形饰、剑首、剑格等，此外还有一些半成品和原料。这些玉石器大多光素无纹，而以打磨、穿孔和器物的造型工艺取胜。其中出土的一件玉臂环，圆形，规整扁薄，内缘向两侧突出，此环当为商代流行之物，在春秋时期，中原地区已不多见，但在南方越地反而能常见此类器物。另外出土的13只璜形花牙玉饰件，长3.9～4.7厘米，用途不明。令人惊讶的是，玉饰边缘雕刻成狐狸形象，每件均雕刻5只狐狸（图5-4）。《吴越春秋·越王无余外传》云："禹三十未娶，恐时之暮，失其制度，乃辞云：'吾娶也，必有应矣。'乃有九尾白狐，造于禹。禹曰：'白者吾之服也，其九尾者，王者之证也。涂山之歌曰：绥绥白狐，九尾庞庞。我家嘉夷，来宾为王。成家成室，我造彼昌。天人之际，于兹成行。明矣哉！'禹因娶涂山，谓之女娇。"禹娶涂山，得九尾白狐之造，乃有夏后氏之兴也，所以"狐仙"之传说莫非也从此而来？出土的玉剑首、剑格均不见有剑身相连，或许剑身由其他易腐材料制成。出土玉管最小的直径只有1.5毫米，并且还要钻孔贯通，工艺之精细匪夷所思。出土的水晶、玛瑙珠、玛瑙条和玛瑙管，集中堆放在一起,此类细碎而精致的装饰物占大多数,推测为法衣上的饰物。所以此墓虽被认为是越国贵族墓,但是出土玉器独具风格,考古专家认为墓主或是一位地位极高的越国巫师。容器类仅有一件,编号M1:24,简报称之为"玉樽"(图5-5),叶蜡石质,通体光素①,玉质夹杂白斑和墨绿斑,拱形盖,无钮,盖体与双耳一次性雕琢而成。

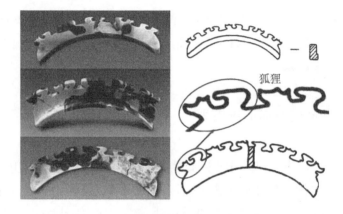

图5-4 璜形花牙玉饰件
(东阳市博物馆提供)

图5-5 玉樽
(东阳市博物馆提供)

1986年4月,距离苏州城西20公里、海拔22.5米的严

---

① 浙江省文物考古研究所,东阳市博物馆.浙江东阳前山越国贵族墓[J].文物,2008(7).

山东麓出土一批目前国内唯一较完整的吴国宫廷玉器窖藏。春秋末年,越王勾践发动灭吴复仇的战争。"居军三月,吴自罢……吴王率其有禄与贤良遁而去,越追之,至余杭山。"余杭山,即今阳山,严山西去阳山仅1.5公里,两山与相传吴王夫差被勾践擒获处的万安也仅1.5公里。从埋葬迹象分析,这批玉器是吴国王室宫廷所用,时代为春秋末期[1]。这批玉器是在一个长方形土坑中发现,除玉石器外,没有其他遗物出土。出土玉石器402件,包括玛瑙、绿松石、水晶和玻璃器,种类有璧、环、璜、琮、镯、玦、管、珠及配饰等。这批玉器造型规整,形式多样,主要纹饰有卷云纹、绳纹、弦纹、几何纹以及形态不同的蟠虺纹、蟠螭纹、兽面纹、夔纹、鸟纹等,与越地绍兴306号墓出土玉器基本相似[2]。

  1996年发掘的绍兴印山越王陵是越国历史上第一座王陵,几千年来历经多次盗墓洗劫,出土玉器31件(组),包括玉镇、龙首玉钩、玉剑、玉镞、玦、珠、管、长方形和纽扣形玉饰。其中比较有代表性的是玉镇和龙首玉钩。出土的玉镇19件(M1:15～32),所采用的质料、形制、装饰花纹完全一致,玉质较差,结构呈较疏松的片状,颜色为白色,内有灰黑色夹心。表面通体抛光,受损处呈片状或粉末状脱落;器体略有大小,整体呈馒头形,实心,顶面呈弧形隆起,器体一周有八条纵向的折棱;除底部平面外,花纹采用了通体阴刻的勾连卷云纹与分段密集短斜刻线的组合(图5-6)。出土龙首玉钩2件(M1:4、14),其质料、器型、大小、花纹相同。质料与玉镇完全一致,器整体多经抛光处理,仅柄端尾部收缩凸榫处未做抛光,这部分可能是用于嵌入木质构架上用来悬挂青铜乐器的[3]。龙首部分和钩、柄转折处三面阴刻简化的兽面纹,钩身脊面及两侧面边棱全部阴刻斜短线羽状纹(图5-7)。1990年和1999年杭州半山石塘战国时期越国墓出土112件玉石器,在D24T1M1墓出土41件玉石器中有剑具18件,包括剑首、剑格、剑,以及8件涡纹小环,推测为剑柄上的箍。其中出土的5件剑格上,有鸟虫书铭文"越王",确证墓葬群的所属是越国。此墓中第935、941号龙凤纹玉剑饰,可

---

[1] 吴县文物管理委员会.江苏吴县春秋吴国玉器窖藏[J].文物,1988(11).
[2] 姚勤德,龚金元.吴国王室玉器[M].上海:上海人民美术出版社,1996(1):3.
[3] 浙江省文物考古研究所,绍兴县文物保护管理所.印山越王陵[M].北京:文物出版社,2002:39.

见密集鳞纹、分段水波纹。D13T1M2 墓出土一组云龙纹剑鞘,以5件为一组,第966号剑鞘上,雕刻有三组龙纹和三组蛇纹,每组为相对的两条龙或两条蛇。在半山石塘小溪坞M1 墓出土的881号鸡骨白龙形挂件,用阴刻刻出一相对简化的龙纹,橄榄形眼,龙身用分段鳞纹和分段斜格纹装饰,边饰也用分段斜格纹。2003年发掘的无锡鸿山越国贵族墓,时代属战国早期,其中邱承墩出土随葬玉石器1098件,器类相对完善,有龙形璜、龙凤璜、云纹璜、双龙首璜、龙首璜、云纹觽、蟠螭纹璧形佩、螭凤纹璧形佩、谷纹佩、绞丝纹佩和兔形佩、凤形佩、神兽纹管、乳钉纹管、剑首、剑格、覆面、带钩及石璧等,其中蛇凤纹带钩和兔形珮等玉石质配饰,对我们认识越国像生玉器有所帮助。

图5-6 玉镇
(笔者摄于绍兴印山越王陵)

图5-7 龙首玉钩
(笔者摄于绍兴印山越王陵)

特别要指出的是在以上越国墓发掘出土的玉器中,专家对杭州市半山石塘战国墓出土的112件玉石器做过鉴定,认为其中有35件为昌化石文物,且地质部门用漫反射红外光谱仪检测后发现这些昌化石以地开石和伊利石为主。这些昌化石质类玉石器主要出现在浙江,这也和当时越国的主要活动范围相一致。目前已知的这类玉石器制品中有兵器、乐器、礼器、生活用具以及各种装饰物,如铎、排箫、贝、璧、尊、盒、匜、壶、觞、削、梳、镇、带钩、管、珠、牌片等,其中玉石乐器和兵器更具有象征意义。昌化石,早年在民间曾称为"滑石"或"湖石",后来又科学地命名为"叶蜡石"。《中国地方志集成》中的《民国昌化县志》载:"春秋越西境,战国属楚,秦属会稽郡余杭县,汉属丹阳郡为於潜"[1]。现距昌化北几十公里,当地人称的玉山盛产的鸡血石就属昌化石的一种,文献记载昌化就盛产美石。"玉石山高出海面一千二百余公尺,东北则为天目山山脉之主干"[2]。除了昌化,在绍兴、上虞、诸暨、萧山等也都有丰富的叶蜡石资源,绍兴上虞现在还有处于开采状态的老坑叶蜡石矿山。笔者在走访中,也记录过玉石爱好者采集的叶蜡石原矿料,其质地和色泽均与印山出土玉石器和越国玉石兵器所呈现的无异,而叶蜡石的大范畴中,包括昌化石、青田石、寿山石等材料。由于越人非常善于利用自然资源就地取材,所以这类叶蜡石质或者称昌化石质的玉石器,其原料出自越人集中地绍兴本土可能性非常大。绍兴民间也收藏有不少此类玉石兵器,因早期考古资料的缺失,很多馆藏和民间收藏的越国叶蜡石质玉石兵器没有确切的出土地点和发掘报告,有确切出土地点的仅有1958年绍兴漓渚镇出土两件"越王矛",1997年绍兴皋埠镇上蒋村战国墓出土"越王不光"玉石矛,2000年绍兴平水镇剑灶村出土战国云纹玉石矛,2002年绍兴富盛镇下旺村出土战国"越句王"玉石矛,以及前文提到的1990年、1999年杭州半山石塘战国墓出土的剑格、剑鞘、剑饰和1996年绍兴印山越王陵出土的玉剑等。

安吉龙山战国墓早年被盗,出土随葬器物267件,其中玉石器10件,包括立鸟龙形玉璜1件、龙形玉璜1件和绞丝纹玉环1对,另有素面蝶形玉佩数件。绍兴坡塘狮子山战国墓出土随葬器物235件,其中玉石器49件,包括龙形玉璜1对、虎形玉璜1件和云纹璧形佩1件。苏州大真山春秋墓也是早年被盗,出土玉牌和天然玛瑙、绿松石等嵌饰11 000余件,比较重要的有虎形玉璜1对、蟠螭纹璧形玉佩1对和素面璧形玉佩1件。长兴鼻子山

---

[1] 汪文炳,蒋敬时.中国地方志集成[M].上海:上海书店,1993:56.
[2] 汪文炳,蒋敬时.中国地方志集成[M].上海:上海书店,1993:712.

战国墓保存完好，出土玉器36件，包括云纹玉璜1对和谷纹璧形佩1对。

三、越国玉石器特点及工艺、纹饰特征

东阳歌山镇王村光村西周至春秋土墩墓出土的石质管、珠，六石镇春秋墓出土的众多玉石器等，表明越人琢玉就地取材，早期以素面纹饰为主，充分利用了越地玉石天然的颜色和斑纹，用高超的打磨技术把它们表现出来。与同时期的中原玉雕工艺相比，越国治玉的优势不在于表面花纹的修饰，而在于制作工艺的精密性上，那些小珠、小管虽光素无纹，但是轮廓坚挺。

从绍兴306号墓出土玉器和苏州严山出土吴国玉器的纹饰看，春秋末年吴越两地都流行卷云纹、绳纹、鳞纹、弦纹等几何纹饰和以蟠螭纹、兽面纹、鸟纹为主的动物纹饰，且工匠采用减地浅浮雕与阴刻一面坡线的手法，是春秋晚期吴越地区琢玉的风格。

杭州半山出土的云龙纹剑鞘上的龙纹和蛇纹之间用细线方格纹分段组合；绍兴印山越王陵出土的玉镇和玉龙钩上出现的密集短斜刻线表明越国玉石工匠善用分段阴刻密集组合纹，且在器物上常饰勾云纹、涡纹、水波纹等纹饰。

越国玉石器中，动物形象常以写实手法来表现，如东阳春秋越国贵族墓出土的璜形花牙玉饰件边饰、鸿山越国贵族墓出土的兔形珮、杭州半山小溪坞M1:5出土的牌状鸡骨白挂件也是形象表达了奔跑的兽状。所谓的牌状，即器物往往为扁平状，纹饰率简，采用拉丝透雕工艺，透雕内壁垂直，内壁可见不均匀的拉丝痕迹。很多越地出土的牌状玉石器中都可见这一工艺（图5-8）。

以玉石替代青铜制作兵器是越国玉石器一大特色。绍兴地区出土过剑、矛、戈、镞、镦等玉石质兵器及兵器组合件或部件，被绍兴市越中艺术博物馆所藏或民间收藏，并且一些器物中出现鸟虫书铭文。如其中一件绍兴地区出土的玉石剑，整体长38厘米，剑格宽5厘米（图5-9），剑格一面铭文8字：戉（越）王州句，戉（越）王州句；另一面铭文8字：自乍（作）用僉（剑），

图5-8　内壁拉丝痕
（绍兴市越中艺术博物馆提供）

图5-9　玉石"戊王"铭文剑
（绍兴民间收藏）

自乍(作)用佥(剑)①；剑身中间平脊，圆柱形无箍剑柄，覆盘状剑首，剑首底面多圈同心圆，同心圆底部刻三角纹饰，为整体式玉石剑。另一件玉石矛，矛体较宽阔，中间起脊，刃部锐利收于锋尖，整体打磨光滑，矛体两面均满刻勾云雷纹，正面中脊两侧对称6字浅刻铭文：戊(越)佥(剑)州；戊(越)佥(剑)州，其中"州"字倒刻(图5-10)。铭文内容应是"越(王)州(句)剑"，是对照越王州句青铜剑铭文所作。在玉石矛上出现"剑"的铭文在出土器物中也有数例发现，如另一件绍兴发现的玉石矛，其铭文也出现"越(王)州(句)剑"，矛体中部被斜剖成两部分，剖面打磨光滑，拼接后严丝合缝(图5-11)，明显是有意为之，是为了节省玉料还是某些意识观念所致，有待更深的研究。这些玉石质兵器在表明使用者"尊卑有度"的等级制度的同时，也显示了越地的风俗习惯。从越国玉石兵器的形制上看，和同时期青铜兵器形制几乎一致，是为模仿越国青铜兵器所制。从其所反映的铭文和纹饰来看，大量的玉石兵器铭文都集中在"越王者旨於赐""越王州句""越王不光"这三代越国君王名称，而不见其他君王名称。这一现象和青铜兵器中出现铭文一致，所用纹饰也与这一时期流行的纹饰如勾云纹、兽面纹等吻合。绍兴印山越王陵曾

---

① 曹锦炎.鸟虫书通考：增订版[M].上海：上海辞书出版社，2014.

出土同类质地的可查时代最早的玉石剑,可惜断为五截,剑茎、剑首亦残①。所以推测越国玉石兵器制作年代在春秋晚期至战国中期之间,是越国国力最为强盛的时期。

图 5-10　玉石铭文矛　　　图 5-11　拼接式玉矛
（绍兴民间收藏）　　　　（绍兴市越中艺术博物馆提供）

杭州半山石塘 D24T1M1 墓出土的 5 件玉石剑格上,都刻写铭文"戉王",前述中所出现的剑、矛等兵器的铭文均出现"戉王"铭文,笔画自然,刻痕较浅,变化不定,排列随意,可看出模仿越国青铜兵器铭文的意图明显,文字也是作为装饰作用,内容不是实际所指,但也是器主希望显赫族氏的表现。所以即使有的铭文刻画精致,但多有缺刻或者漏笔画之处,以致正倒相杂,卒不成文,甚至出现在玉石矛上浅刻出"剑"字的铭文,可见铭文并非重在表述其用途及名称,而是为了强调使用者的等级,为了彰显身份,这也是越国玉石兵器铭文的特点。

曹锦炎先生认为越国玉石质兵器是专门用于越国贵族随葬的明器,除此之外也有学者提出过模具说、仪仗用具说

---

① 浙江省文物考古研究所,绍兴县文物保护管理所. 印山越王陵[M]. 北京:文物出版社,2002:39.

等,笔者还是更倾向于礼仪陪葬说。众所周知,越国的青铜战略资源不及中原地区丰富,所以越国用原始青瓷替代了很多本应由青铜制作的礼器,而把珍贵的青铜原料都用于兵器和农工具,也把原始青瓷礼器替代青铜礼器作为陪葬器,甚至用原始青瓷制作农工具用来陪葬,这已是考古界认定的事实,足以见得越国贵族阶级对于青铜原料的珍惜程度,这也是越国"耕战并举"国策的体现。越国复兴后,越王勾践要北上称霸中原,仍实施这一国策。用原始青瓷烧制兵器非常不易,所以用既秉承越人传统治玉工艺,又能给予逝去贵族以安抚,还能不浪费青铜资源的玉石质兵器是一举多得的创举。当然,能用"戉王"铭文的玉石礼器制度肯定是官方行为,而且从出土数量看当时具有一定规模,且分工明确,制度完备,青铜越王剑伴随最高统治者而去,玉石剑则留给高等级贵族,这是越国王室赐予有功之臣的最大的荣耀。

越人喜在青铜器上镶嵌绿松石,在玉石器上也喜采用这样的装饰手法,比如他们喜欢在玉石剑的剑格上雕刻兽面纹,而兽面纹大都采用深雕,用来镶嵌绿松石(图5-12),两种不同材料的搭配,显示出富贵的气息,也反映了制作者的艺术审美和高超的工艺。

图5-12 玉剑格镶嵌绿松石
(绍兴市越中艺术博物馆提供)

四、越地玉石器的文化意义

越地的玉石器孕育于新石器时代，浙江河姆渡遗址已出土了软玉制作的生产工具，良渚时期古越先人更是用玉负载极为深刻的形而上的意义，如良渚文化遗址出土大量的玉琮、玉璧。琮的造型兼和方圆，也就是把天和地贯通，于是，琮成为祭祀天地的法器。璧的基本造型是圆片，圆形与太阳崇拜有关。往后，越人择玉之属性，赋以哲学思想使之道德化，赋以阴阳思想使之宗教化，赋以爵位等级使之政治化。进入越国时代，玉石器从服务原始宗教继而服务于礼乐制度，象征、抽象意味浓郁。春秋战国时期，哲学思想活跃，艺术标新立异，越国玉器常雕成动物，或作圆雕，或用玉片雕琢其剪影，这是图腾崇拜的一种表现。越人相信有一种神秘力量孕育其中，自己的愿望能通过玉上达神灵，祖先能护佑自己。佩戴组玉则是为了彰显身份，即使在逝去后也要用玉陪伴，甚至用王室"戉王"铭文的玉石兵器来彰显生前地位与奢华，玉石又成为宗法制度的工具。

吴越文化是长江下游商周考古工作的重要课题之一，墓葬的等级研究是吴越文化研究的重要内容，也是那个时代遗留的最珍贵的实物资料，而最有研究价值的贵族墓葬构成要素中，随葬玉石器的构成是确定其地位的重要指标，因此对随葬玉石器的研究也是墓葬研究的重要内容。从清末吴大澂《古玉图考》开始，玉石器就被视为历史时期特别是三代以后社会礼制与工艺研究的主要对象。我们面对中国博大精深、自成体系的玉石文化，仅仅是就玉论玉，论其材美工巧是不够的，神话、礼乐化、道德化、审美化是越地乃至整个中国玉石器的演变轨迹，我们应在前人的研究基础上，对其进行综合的文化考察，考察古越人更深层次的观念形态和独特的文化内涵。

第二节　日本神话中的玉与越人玉文化

八坂琼曲玉和八尺镜、天丛云剑一起被视作日本的三大神器。《日本书纪》记载，天照大神获得三神器后，在孙琼琼杵尊（日本第一代天皇之曾祖父）从高天原降临日本之前，将三神器交给了他。三神器象征至高无上的皇权，是日本天皇皇位交替时必携带之宝物。

"八坂琼曲玉"作为日本神话中的三大神器之一，至今被供奉在日本皇居中。根据《日本书纪》记载，天照大神的弟弟素盏鸣尊是目无秩序的神，他去高天原看望天照大神，但他在高天原胡作非为，天照大神不悦，于是隐藏在天之石窟内。天照大神是太阳的化身，他躲进石窟后天下顿时一片黑暗。诸神十分担忧，于是令镜作部远祖造镜，玉作部远祖造玉，用这两件法宝祭祀，将天照大神引出石窟。而这个玉就是"八坂琼曲玉"。根据《日本书纪》另一种记录"一书曰"中的第一曰记载，素盏鸣尊即将赴任根之国时，有位羽明玉的神给了他一块八坂琼曲玉，于是素盏鸣尊拿着曲玉去见天照大神，谁知天照大神怀疑弟弟要夺权，遂起兵讨伐之。不难看出，八坂琼曲玉具有祭祀的功能，同时也是皇权的象征。

勾玉在考古学上也有很多资料，日本最早的勾玉可以追溯到绳文时代。勾玉最初形态比较多样，大致为不规则的"C"字形，就形状而言，有说像胎儿，有说像月牙，还有说像鸟。图5-13就是日本青森县立乡土馆馆藏的绳文晚期勾玉。关于勾玉的形态起源，比较主流的有"牙玉起源说""玉玦耳饰演变说"等。玉牙起源说认为勾玉的原型是动物獠牙，可能是由獠牙制成的工具衍化而来。玉玦耳饰演变说认为勾玉是将摔断成两截的玉玦、玉环或玉璜进行加工，打孔再利用。

到了绳文晚期至弥生时代，逐渐出现了定型勾玉，并慢慢流行起来。日本静冈县的登吕遗址的时代是弥生后期，那里就出土了一批勾玉（图5-14）。这批勾玉曲线非常流畅，已具定型勾玉的形态。到了古坟时代，非定型勾玉完全被定型勾玉取代，图5-15就是典型的古坟时代勾玉。

关于日本勾玉的来源，学术界一般认为源自朝鲜半岛。朝鲜半岛一些新石器时代及青铜时代的考古遗址中发现类似日本勾玉的玉器。然而笔者认为，日本勾玉与越地的关系也十分密切。前一节中充分论述了越地有悠久的玉文化历史，是中国南方玉文化发源地。至春秋战国时期，越地玉石器的工艺更加精湛，拥有相当高的制作水平。绍兴市越中艺术博物馆收藏有

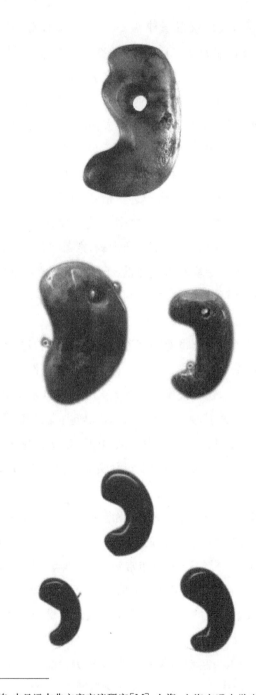

图 5-13 绳文晚期勾玉
(引自李国栋《中日远古非文字交流研究》①)

图 5-14 登吕遗址弥生时代勾玉
(笔者摄于登吕遗址博物馆)

图 5-15 大阪府和泉黄金冢古坟碧玉勾玉
(笔者摄于登吕遗址博物馆)

---

① 李国栋.中日远古非文字交流研究[M].上海:上海交通大学出版社,2021:43.

战国时期的勾玉(图 5-16、图 5-17),为线条流畅的定型勾玉,从形态来说,与日本的勾玉非常接近,从年代来说,也可构成互为继承的关系。从历史背景来说,越国曾经有大量移民登陆日本列岛,越地与日本之间完全存在玉文化传播通道的可能。

图 5-16 战国时期的越地勾玉
(绍兴市越中艺术博物馆提供)

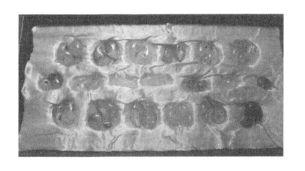

图 5-17 战国时期的越地勾玉
(笔者摄于绍兴市越中艺术博物馆)

此外,除了"八坂琼曲玉"外,日本神话中也多次出现与"玉"有关的记载。《日本书纪》载:"事代主神,化为八寻熊鳄,通三岛沟樴姬。"《出云风土纪·仁多郡》载:"和尔,恋阿伊村坐神玉日女命而上到。"《肥前风土纪佐嘉郡》载:"此川有石神,名曰世田姬。海神谓鳄鱼,年常逆流潜上到此神所。"安田喜宪指出:"鳄鱼只生活在长江以南,所以鳄鱼代表从长江以南来的人。"[1]而长江以南的越地也恰好是玉文化内涵丰富的区域,因而笔者认为鳄鱼寻找玉姬的故事正是反映了日本神话创出时对越人玉文化的吸收和融合。

---

[1] 安田喜宪. 日本神话和长江文明[J]. 程芸海,译. 日语学习与研究,2018(2):33.

第六章

越国金属器文化在东亚的传播

中国青铜文化发生于距今6000年，历经夏、商、西周、春秋及战国早期，青铜器时代延续时间1600余年，目前发现最早的青铜器是甘肃马家窑遗址出土的单刃青铜刀。虽然中国青铜器以中原地区为最，但事实上，商周以来，越地也发展出了并不亚于中原的青铜器文化。

《越绝书》云："吴有干将，越有欧冶子，此两人甲世而生，天下未常有。"1949年以来，绍兴境内出土春秋战国时期的各类青铜器共计有150余件，其中包括青铜农具、青铜工具、青铜兵器、青铜礼器等。这些文物充分展示了越国青铜文化的发展以及风格和特征。

绍兴出土的青铜礼器包括饪食器、酒器、水器、乐器四类，出土数量不多。比较重要的发现是印山越王陵出土的铜铎（图6-1），合瓦形，铜铎底部有方銎，应是纳木柄处，铎顶部及方銎之外侧均饰以小圆点为地纹的卷云纹。出土的青铜农具的品类繁多，门类齐全。在绍兴市区和县区，除1959年在城东西施山出土了大批越国的青铜工具外，历年来在市郊都泗门、稽山门外下畈、禹陵、亭山、东湖、城东，县区的坡塘、漓渚、福全、南池、陶堰、上蒋、富盛、袍谷、斗门等地发现了青铜农工具100余件。绍兴出土的青铜兵器主要是剑、矛、戈、箭镞等几类。其中青铜剑无疑是越国文化的重要标志之一。

图6-1 印山越王陵出土的铜铎
(笔者摄于印山越王陵)

与青铜器不同,铁器在绍兴一直出土不多,国内很少有研究。而西施山遗址的发现让我们对绍兴的铁器文化有了全新的认识。绍兴市博物馆征集到铁鼎、铁权、铁矛、铁削、铁铧等,共10余件[①],此外,绍兴越中艺术博物馆也征集到一批,这是我们研究越国铁器最主要的参考资料。经研究发现,越国铁器以农具为多[②],冶炼技术高超,主要表现为:铸造、锻造技术共存,铜铁合铸技艺精湛,铁错金银技艺精良。[③]

无论青铜器还是铁器,越地出土的农工具较之于礼器要多得多,说明越人始终围绕勾践"生聚教训"的复兴方略发展经济,也反映了越人踏实勤劳、勇敢尚武、精益求精的"铸剑精神"。

越国的金属器文化随着稻作文化传播到日、朝等东亚地区,推动了当地生产力的发展,特别对日本而言,是其整个社会从绳文时代走向弥生时代的曙光。

---

① 刘侃. 绍兴西施山遗址出土文物研究[J]. 东方博物,2009(2):17-18.
② 孙思佳,梁文杰. 绍兴迪荡新城出土铁质农工具及其意义[J]. 绍兴文理学院学报(哲学社会科学),2016(4).
③ 梁文杰. 越国铁器冶炼技术及成就[J]. 绍兴文理学院学报(哲学社会科学),2021(1).

第一节　越剑铸造特色

"国之大事，在祀与戎。"冷兵器时代包括原始兵器、青铜兵器、钢铁兵器和古代火器四个阶段。夏商时期，华夏先民发明和掌握了青铜合金冶铸技术，创造出辉煌灿烂的青铜文化，使中国商周青铜兵器制作走在了世界前列，并因其工艺之精良，形制、纹饰之精美而成为中华传统文化的一个重要载体。数十年来，随着地下考古发现的不断揭晓，对青铜兵器的研究已成为中国文化史、科技史、军事史等领域的重要课题。

商周青铜器论礼乐重器，当属中原地区为最；若谈及兵器，最精良的莫过于吴越之地，而其剑为众兵之首。春秋中期以后，随着步战的需要，青铜剑大行于世，楚式剑和中原地区习用的双箍剑与空茎剑都源自吴越，其原因就在吴越之剑形制合理、制作精良、剑质优良、装饰考究，总体水平远在其他地区之上。《周礼·考工记》："吴越之剑……迁乎其地而弗能为良。"《战国策·赵策》："夫吴越之剑，肉试则断牛马，金试则截盘盂。"《庄子·刻意》："夫于越之剑者，柙而藏之，不敢用也，宝之至也。"古文献中还有很多关于越国青铜剑品质优良的记载，《越绝书》更将越王勾践的五柄宝剑神化为天神相助铸成，世称国宝，后楚王拥有其中的湛卢剑，为争夺此剑，秦王不惜出兵掠城相威胁。这是历史典故，其信息则是告诉我们历史上越国青铜剑一剑难求。而馆藏于湖北省博物馆"越王句践自作用剑"铭文的青铜剑更是举世闻名，经历2 500年依然锋利无比、寒气逼人，其剑身菱形暗格纹、剑首同心圆、错金铭文的工艺令人惊叹。文献和出土实物都足以证明吴越青铜剑确实精湛无比。

《荀子·强国》称："刑范正，金锡美，工冶巧，火齐得……剥落之，砥厉之，则截盘盂刎牛马忽然耳。"文献的记载是对吴越青铜剑铸造工艺完整、准确的概括。"刑范正"就是浇铸的模具需要规范准确。《考工记》："吴越之剑迁乎其地而弗能为良，地气使然也。"有学者就认为江南地区多种植稻米，而用稻壳焙烧的砻糠灰含有硅的成分，高硅的草木灰掺入青铜兵器的陶范中会使得陶范的收缩率降低,热容量增加,大幅度改善金属溶液的充型能力①。"金锡美"的意思是铸剑的金属材料必须质地纯净。吴越地区蕴含丰富的铜、锡、铁、铅等矿藏,至迟从春秋开始便能自主开采和冶炼,比如绍兴迪荡新城开发过程中发现确认的西施山遗址,就是青铜冶炼和铸造作坊,证明越国为增强国力、称霸中原,尽可能地将优质金属材料用于青铜兵器铸造。"工冶巧"是说铸剑工匠的技艺高超。越国以农战立国,所铸造的青铜兵器和青铜农工具的精美程度举世瞩目,而铸造这些青铜器的工匠是受到国家高度重视的。《国语·越语上》"(越国)四方之士来者,必庙礼之",说明越国统治阶层的开明与重视人才,礼贤下士,能礼待有能力的人。《考工记》"越无镈,非无镈也,夫人而能为镈也",说的是越国人人皆能做镈器,无须国工,这说明吴越地区的青铜冶炼具有广泛的群众基础。所以吴越地区出能工巧匠,也是合情合理。"火齐得"是指熔炼温度的控制和青铜成分配比恰到好处。古人没有现代温控技术,掌握熔炉的温度是需要世代相传的经验积累的,而为了青铜合金成分的配比趋于合理,更是在长时间的实践中摸索了金属性质的规律,掌握了金属物理性质的特点,融入自身的聪明才智,才能使越地青铜兵器铸造更加趋于合理。分析从越地出土的青铜剑,从西周到春秋再到战国,其金属成分配比,特别是锡的配比成分增加后又合理减少的情况看,反映了铸剑工匠的不懈努力。当然,器物铸造完成后,还有重要的打磨和抛光等多个步骤,从铸造到最后的修整,都是成就一把越剑必备的工序。

出土实物表明,复合剑技术、剑首同心圆制作技术、菱形暗格纹装饰技术,绝大部分出现在吴越地区的青铜兵器中,楚地偶有发现,特别是青铜剑的制作上体现得更多,所以这三项技术堪称吴越青铜剑制作"三绝",具有非常重要的科技价值和历史价值,值得我们持续研究和探讨。

一、复合剑技术

《吕氏春秋》"剑,柔则卷,坚则折",说的就是青铜剑制作工艺中,若使黄

---

① 谭德睿.中国青铜时代陶范铸造技术研究[J].考古学报,1999(2).

铜含量增加、锡的成分减少会导致剑的坚硬程度降低,剑虽然不容易折断,但会变得不够锋利,降低了杀伤力;而增加锡的含量后,虽然剑的坚硬程度和锋利程度会增加,大大提高杀伤力,但是由于坚硬,会使得剑在使用过程中易折断、不耐用,这是始终困扰着当时工匠们的课题。《战国策·赵策》:"(越剑)薄之柱上而击之,则折为三,质之石上而击之,则碎为百。"在不断的实践中,古代工匠把锡和铜的比例调配到最合理,使得青铜剑既保持了锋利,又能在实战中耐用。复合剑技术是在这个经验基础上所创新的铸造技术(图6-2)。春秋战国时期的越国工匠,根据青铜剑不同部位所需性能要求不同,于脊部和刃部分别使用不同成分配比的两种合金材质,使剑体外锐内韧,刚柔兼备,体现吴越工匠因需用材的技术思想,展示了吴越匠师非凡的想象力和创造力。

图6-2 青铜复合剑局部
(笔者摄于绍兴市越中艺术博物馆)

绍兴市越中艺术博物馆收藏一枚复合剑残件(图6-3、6-4),此剑虽已成残缺部件,但刃部锋利依旧,金属组织细密坚硬。细察复合剑断裂部位,可知剑脊是一道工序铸就,剑脊被剑刃包裹部位有榫端,这样可使剑脊和剑刃紧密结合,不易在使用中脱落,而剑从和剑刃是另一次浇铸成型,我们可推测是将先浇铸好的剑脊插入剑刃陶范的相应部位,合范后浇铸剑刃。因为剑脊是先浇铸的,所以在浇铸剑刃前会预热刃范,而在剑刃浇铸完成后,刃部的冷凝收缩对剑脊产生紧固作用,有助于刃和脊的联结。待剑身浇铸完成后,纵向打磨剑从,横向打磨剑刃。打磨完成后,再将其靠颈部的一端置于铸造剑格、剑茎、剑箍的陶范中,铸出剑格、剑茎、剑箍,这样使各个部位牢固结合在一起(图6-5)。最后一道铸造工序是将剑茎置于剑首陶范中,铸出剑首。所以复合剑的铸造过程可大致分为4次。铸造完毕后,还要多次对剑锋进行打磨。

图6-3 复合剑断面标本
(笔者摄于绍兴市越中艺术博物馆)

图6-4 复合剑断面
(笔者摄于绍兴市越中艺术博物馆)

图6-5 铸造完成后的剑柄
(笔者摄于绍兴市越中艺术博物馆)

剑身是剑的关键部位,传统的铸剑工艺都是整个铸成,复合剑的分铸创新表现了吴越工匠的非凡想象力和技术创新力。

二、剑首同心圆技术

如果说复合剑技术是为了应用于实战,同心圆技术则是娴熟的手工技术和审美提高而出现的华丽的装饰,而这种装饰技术在当时也是只有少数人能够掌握。观察馆藏剑首实物标本(图6-6),此部件没有断裂痕迹,可知剑首系单独浇铸,部件外壁有明显范线,说明其应用了陶范的制作工艺。从青铜剑剑把与剑首的接合工艺看,也印证了这一点(图6-7)。剑首同心圆的工艺十分精细(图6-8),同心度非常高,而且厚度很细薄。

图6-6 独立的剑首铸件
(笔者摄于绍兴市越中艺术博物馆)

图6-7 剑首与剑柄接合处
(笔者摄于绍兴市越中艺术博物馆)

图6-8 剑首同心圆
(笔者摄于绍兴市越中艺术博物馆)

越地的制陶技术历史悠久,从新石器时代晚期的河姆渡文化遗址、良渚文化马鞍古文化遗址,到春秋战国时期的西施山遗址等,都出有制作精美、富有代表性的典型陶器出土。例如春秋黑陶弦纹罐(图6-9),为绍兴西施山遗址出土,通体饰弦纹,精致细密,整齐划一,其技艺与铸剑同心圆如出一辙,我们可以发现,剑首同心圆用轮制法制作剑首陶范,是对制陶工艺的应用、继承和发展,可以认为是陶范制作技艺的最高典范。同心圆技术和复合剑技术一样,成熟于春秋时期,秦汉以后就失传了,这一技艺的出现,在一定程度上可以作为器物研究的断代标准和区域划分标准。

图6-9 黑陶弦纹罐（笔者摄于绍兴市越中艺术博物馆）

三、菱形暗格纹技术

暗格纹是指在春秋中晚期开始,越地青铜工匠在青铜兵器上所创造出的一种装饰工艺,因纹饰呈现深灰色,多有菱形出现,所以被称为菱形暗格纹(图6-10)。

图6-10 菱形暗格纹青铜剑（笔者摄于绍兴市越中艺术博物馆）

关于暗格纹形成的原因,复旦大学静电加速器实验室、中国科学院上海原子核研究所和北京科技大学冶金研究所实验室用质子X荧光非真空分析法(PLXE)对越王勾践剑做过分析,发现该剑的基体为锡含量在15.21%～18.8%的青铜,灰黑色菱形暗格纹处锡铁含量均高于基体,并且含硫,所以认为所饰菱形暗格纹是经硫化处理而成,但并不排除表面氧化物受到硫化物污染的可能性①。上海博物馆对越地一件菱形暗格纹断剑标本进行监测研究和模拟实验②，研究中采用了扫描电镜、X射线衍射分析、金相显微分析等手段，监测结果认为：①基体化学成分并无特殊之处，残剑基本化学成分铜平均含量80.34%，锡平均含量19.66%，均在普通越剑成分范围之内。②剑体系铸造而成，暗格纹区和非纹饰区受到不同程度腐蚀，都受到相当程度的氧化出现了铜流失，锡、铁、硅富集的现象，但是并不含硫。③暗格纹纹饰区发现了细晶区。分析发现纹饰区与非纹饰区不同之处在于其表面有一层厚约70微米的表面层，其含锡量较基体含锡量高，表明细晶区是由富锡成分组成。细晶区最表面又有一层约5微米的氧化膜，通过X射线衍射分析，证实菱形暗格纹纹饰区最表面含氧量较高，与表面的元素生成了氧化物。而纹饰区表面的细晶区及其氧化膜又能阻止基体的再次氧化和腐蚀，而非菱形暗格纹纹饰区的腐蚀介质进入基体较深，使该区的腐蚀程度较大。④表面色泽是后天氧化腐蚀所致。研究成分分析显示，菱形暗格纹纹饰区和非纹饰区被腐蚀区铁、硅含量高于基体，推测因为土壤中腐殖酸水溶液氧化了青铜剑中的铜，并使之流失，被以二氧化锡为主的氧化物及土壤中的其他矿物如硅、铁氧化物所填充。因为非纹饰区更容易被氧化，氧化程度也更深，形成了以二氧化锡为主，含有铜、铁和其他杂质的氧化物，所以使非纹饰区呈黑色，而纹饰区在宏观上颜色较浅，呈灰白色③。综合分析检测，得出结论：

（1）越地青铜剑表面的菱形暗格纹，是由于剑表面有规则地分布着一层不同于基体成分和组织的细晶层。

（2）菱形暗格纹饰采用了表面局部细晶化的工艺技术，使细晶层有规则地出现于剑的局部表面，因为细晶层的成分和组织与基体不同，所以形成与基体不同的色泽。

（3）因为埋藏条件，纹饰区和非纹饰区受土壤腐殖酸水溶液不同程度的腐蚀，出现了黑亮—灰白相间的色泽。（图6-11）

---

① 复旦大学静电加速器实验室. 越王剑的质子X荧光非真空分析[J]. 复旦学报（自然科学版），1979(1)：73-81.
② 谭德睿，廉海萍，吴则嘉. 东周铜兵器菱形纹饰技术研究[J]. 考古学报，2000(1).
③ 于天仁. 土壤化学原理[M]. 上海：上海科学技术出版社，1987.

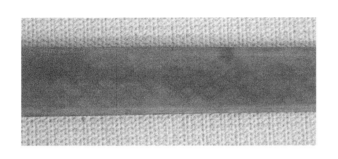

图 6-11 菱形暗格纹局部
（笔者摄于绍兴市越中艺术博物馆）

2017年，央视"国家宝藏"节目公布了湖北省博物馆对越王勾践剑二次科学研究的最新成果，曾经认为剑身千年不腐的原因是由于硫化处理，而最新研究结论认为硫化处理不仅不能防腐，反而是助腐。这与越王勾践剑同墓出土的其他青铜剑上得到论证。二次研究成果认为，其千年不腐的原因是含铅量的降低和墓葬环境本身对其的保护作用，是两个因素共同作用下形成的。

二次研究还有一个重要的发现，就是用最新的科技手段研究了菱形纹饰的形成原因。研究发现，菱形纹饰在50倍放大镜下，出现了向下塌陷，且塌陷纹饰边界出现白色晶体状细纹，检测后发现白色晶体是锡。结论认为菱形暗格纹是铸造而成，再在纹饰上填充锡，锡经过2500年的腐蚀，形成了现在我们看到的黑色菱形纹。笔者曾记录过一件楚式青铜剑，其菱形纹饰在显微镜下呈现塌陷状，深度50～100微米，宏观上呈现白色花纹（图6-12），我们认为楚式剑和越式剑在菱形暗格纹制作工艺上是一脉相承的。

图 6-12 楚式剑的菱形纹
（笔者摄于绍兴市越中艺术博物馆）

四、总结

越地是水乡泽国,不像中原地区那样一马平川,用马车和戈矛长驱直入,东南的丛林和沼泽环境更适宜短兵相接,于是越人选择了剑这种便于携带和格斗的武器。越国铸剑的历史大约从越王允常开始,到勾践时代铸剑技术处于领先水平。越剑几经改造,一是形制改进、功能提升。剑锋段两侧作弧曲,有利于连续刺杀,有的还在剑从上开血槽,这无疑增加了杀伤力。二是结构改进、质量提升。青铜剑最大的问题是坚韧和锋利不能兼备,因此越国工匠发明了复合剑,这需要很高的冶炼铸造技术。三是装饰工艺改进、审美功能提升。越剑的剑身上雕刻菱格纹、曲波纹、雨雪纹之类的精美纹饰,剑格上镶嵌绿松石、琉璃,铭文间错金银,将鸟虫书用双勾镶嵌工艺装饰在越剑上等。"越民铸宝剑,出匣吐寒芒"是越人以聪明与勤奋,独辟蹊径,创造性地铸造青铜剑的真实写照。越剑的冶铸是一个经过煅焊、热处理、表面处理、嵌铸等多项青铜工艺的过程,集冶炼、铸造、绘画、书法、雕刻于一身,融政治、经济、文化于一体,是丰富多彩、独具特色的越国青铜文化的最高成就,也是中国古代兵器中的奇宝。

第二节　韩国上林里铜剑的越剑铸造传统

春秋战国时期吴、越两国互相攻伐数十年之久,促使越国铸剑工艺迅猛发展。在前一节中提到,越剑在铸造上有十分鲜明的特色。从越国青铜剑的演变来看,剑格经历了无格—有格和厚格—窄格的演变过程;剑茎则经历了茎身无箍—有箍的发展步骤;在冶铸技术方面,从合金成分比较单纯发展为多种成分的混合冶炼;在装饰方面,从素面剑发展到雕刻有精美纹饰以及铭文的剑。越王剑现散落在各地,为各地博物馆所收藏,诉说着越国曾经称霸中原的往事。而同样的技术也出现在韩国,韩国上林里出土的铜剑无论是外形还是工艺都与越式剑十分相似,使人们有理由怀疑,这批铜剑的始源在中国东南沿海的越地。

一 上林里铜剑

上林里铜剑出土于 1975 年,出土地点位于韩国全罗北道完州郡伊西面上林里三区一个低矮丘陵的南坡上。铜剑共计出土 26 把,有捆扎成束埋葬的痕迹。这批铜剑出土情况良好,大小略有差异但形制统一,基本呈现的特征是:铸造材质几乎为纯铜的红铜剑;圆形凹面剑首;实心圆柱形茎,断面呈椭圆形;剑茎上有两圈剑箍;凹字形剑格;剑脊凸起,棱线明显;剑身断面呈较扁平的菱形;两锷基本平行,剑身约三分之一近剑锋段的两侧略作弧曲,然后双刃镶嵌汇聚成剑锋(图 6-13)。这批铜剑尺寸大小不一,通长 44.4~47.2 厘米,剑身根部宽 3.8~4.3 厘米。韩国学者全荣来称这类铜剑为"中国式铜剑",是《周礼·考工式》中所载的"桃氏剑"。[①]

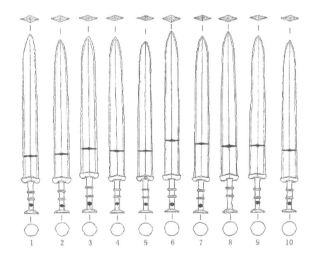

图 6-13 韩国完州郡上林里出土铜剑
(引自《从韩国上林里铜剑和日本平原村铜镜论中国古代青铜工匠的两次东渡》[②])

[①] 全荣来.关于完州上林里出土的中国式铜剑——春秋末战国初中国青铜器文化传入朝鲜半岛南部问题[R]//全北遗迹调查报告:第 6 集,1976.
[②] 白云翔.从韩国上林里铜剑和日本平原村铜镜论中国古代青铜工匠的两次东渡[J].文物,2015(8):68.

关于这批青铜剑的断代比较困难,因为出土地点附近未发现任何古代遗址,也没有其他遗物伴出。但可以参考朝鲜载宁郡孤山里遗址,那里出土了2件"中国式铜剑",并有细形铜剑共出;还有韩国全罗南道咸平郡草铺里出土的这类铜剑与细形铜剑以及多钮纹镜共存。而细形铜剑在朝鲜半岛出现于公元前4世纪末或公元前3世纪初[1],因此可以推断,"中国式铜剑"在朝鲜半岛出现的年代当不早于公元前4世纪末。

那么,这批中国式铜剑究竟是舶来品还是本地制作的?笔者认为是后者。上林里铜剑有一个比较重要的特点就是整体呈红色,说明铸造材质几乎接近纯铜。制作青铜剑的原料一般包括铜、锡、铅、铁等,其中最重要的元素是铜和锡,那么之所以呈红色,或许是为了某个特殊目的有意为之,或许和制作地缺乏锡矿有关。而中国至今未发现纯铜制作的青铜器,上林里铜剑与中国东周时期青铜器制作技术和传统迥然有别,因此舶来的可能性比较小。此外,日本学者对上林里铜剑的3号剑和14号剑进行铅同位素比值测定,结果表明铸剑所用的铅属于朝鲜系铅[2],证实其制作地应在朝鲜半岛本土。

然而,上林里铜镜的制作技术之成熟让人很难想象制造者是朝鲜半岛人。因为这批铜剑几乎是纯铜制成,纯铜的熔点为1 083℃,其难度远大于铜锡合金。虽然朝鲜半岛在公元前10世纪前半就进入了青铜器时代,但青铜剑却是从公元前4世纪前后才流行的,按当时的铸造技术要制造出纯铜的剑并非易事。此外,上林里的铜剑形制统一,但规格和重量都有所差异,说明铸造时铸范不统一,应该是使用了一次性的泥范或陶范,而当时铸造青铜器的铸范均为以滑石为主的石质铸范[3],这不符合当时的铸范传统。同时,剑茎两侧等部位能看出合范铸缝的痕迹,说明它们是双合范陶范铸成的,这是中国东周时期铸剑的技术特征[4]。种种迹象表明,上林里铜剑的铸

---

[1] 靳枫毅.论中国东北地区含曲刃青铜短剑的文化遗存(下)[J].考古学报,1983(1).
[2] 馬淵久夫,平尾良光.福岡県出土青銅器の鉛同位素比[J].考古学雑誌,1990(75).
[3] 李健茂.韩国青铜器的制作技术[J].日韩交涉的考古学·弥生时代篇,1991.
[4] 馬淵久夫,平尾良光.福岡県出土青銅器の鉛同位素比[J].考古学雑誌,1990(75).

范和烧制技术非常成熟,不是缺乏经验的仿造者能仿制的。

那么还有一个可能,这批铜剑可能是其他地区掌握着成熟的冶铸铜经验的工匠来到朝鲜半岛后制作的。笔者认为,这类剑与越式剑中的圆首双箍柱茎剑关系密切,符合越式剑的制作传统。

二 越国圆首双箍柱茎剑

中国的青铜剑出现于公元前10世纪前后的西周早期,定型于春秋晚期,流行于整个两周时期。① 林寿晋曾将东周时期流行的青铜剑分为三种式样:扁茎剑、筒茎剑、柱茎剑。② 其中第三种柱茎剑即圆首双箍柱茎剑,定型于春秋晚期,流行于整个战国时期,在浙江、江苏、湖南、湖北、河南、河北等广大地域均有发现。李伯谦根据东周时期这类青铜剑的地域分布情况指出,圆首双箍柱茎剑主要流行于中国南方尤其是吴越地区,起源地偏于吴越地区,脱胎于中国南方尤其是吴越地区发现的两周中期的实圆茎带箍有格有首剑。③ 肖梦龙也进一步指出,这类青铜剑是春秋中晚期流行于吴越两国的主要剑制。④ 历史上吴、越两国相互攻伐数十年之久,两国的兵器得到了迅猛的发展,特别是越王剑堪称稀世珍宝。据《考工记》记载:"昔者,越王句践有宝剑五,闻于天下。"一曰湛庐,二曰纯钧,三曰胜邪,四曰鱼肠,五曰巨渊。而胜邪、鱼肠、湛庐三剑已为吴王阖闾所得,湛庐剑后又为楚王所得。后来,秦王闻而求之,不能得,因而兴师动众击楚国,楚王不与。可见越国剑是各国君王竞相争夺的宝物。《庄子》记载:"夫干(吴)越之剑者,柙而藏之。"也就是说,吴越剑之尊贵,一般人是不敢用的,要用匣子装着藏起来。圆首双箍柱茎剑是越国剑中最普遍的形制之一,也是越王剑最典型的形制,诠释了越国精湛的青铜器制作技艺。

---

① 马承源.中国青铜器[M].上海:上海古籍出版社,1988:73.
② 林寿晋.东周式铜剑初论[J].考古学报,1962(2).
③ 李伯谦.中原地区东周铜剑渊源试探[J].文物,1982(1).
④ 肖梦龙.吴国青铜兵器研究[J].考古学报,1991(2).

越王的宝剑中最出名的当属越王勾践剑,原因主要有两个:一个是勾践卧薪尝胆,成为春秋霸王;二是这把剑的铸造水平之高,千年不腐,出土后依然锋利无比。其实除了勾践剑以外,还有很多把越王剑,分别出土于湖北江陵望山楚墓、湖北雨台山楚墓、安徽寿县西圈、安徽淮南的蔡侯产墓等。其中有一把越王者旨於赐剑是从国外追讨回来的,现在藏于浙江博物馆,是该馆的镇馆之宝(图6-14、图6-15)。"者旨於赐"是人名,他是越王勾践的儿子,是越国第三代君王,公元前464年至前459年在位。关于"者旨於赐",《史记》作"鼫与",《越绝书》作"与夷",是"於赐"的通假字。他在位6年,虽然在位时间不长,但是出土的属于他的剑就有9把。越王者旨於赐剑全长52.4厘米,最宽的地方达到4.1厘米,圆形凹面剑首,柱形剑茎,茎上有双圈剑箍,剑格呈凹字形,中间凸起的剑脊呈一条直线直至锋尖,剑从与两锷面的交线左右十分对称;剑格上残留绿松石,剑体表面几乎无锈蚀,全身呈黄白色,可见其锡含量相当高,合金配比堪称完美;剑体的表面光洁无瑕,说明其磨削、抛光工序精良,充分体现了越国铸剑师们极其高超的铸剑工艺,在出土的吴越剑中绝无仅有,可谓剑中极品。甚至就成色来说,越王者旨於赐剑一点也不亚于越王勾践剑。这把剑就是典型的圆首双箍柱茎剑,形制与韩国上林里铜剑相似度很高。

图6-14 越王者旨於赐剑
(浙江省博物馆馆藏)

图6-15 越王者旨於睗剑局部
(浙江省博物馆馆藏)

越王亓北古剑现已发现6把,剑的制式均为宽格箍茎剑,铭文一般在剑格两面和剑首底面,剑格上的铭文竖写横排形式,剑首底面的铭文竖写环列,铭文基本用错金银工艺。"亓北古"就是"盲姑",即越王不寿,系越王於睗之子,勾践之孙,公元前458年至前449年在位。2008年国家文物局从海外征购了一把越王亓北古剑(图6-16),此剑为宽格复合剑,属于圆首双箍柱茎剑,全长65.2厘米,身宽5厘米。宽剑格两面有竖写横排的错金鸟虫书铭文:"戉(越)王亓北古"和"自乍(作)元用之"。圆柱形剑柄带双箍,圆盘状剑首,剑首底面竖写环列错金鸟虫书铭文:"隹(唯)戉(越)王亓北自乍(作)元之用之僉(剑)"。此剑现藏于海南省博物馆。

图6-16 越王亓北古剑
(笔者摄于海南省博物馆)

越王州句剑目前已有30余把,剑的制式多数为宽格箍茎剑,少数为宽格复合剑和铜格铁剑。铭文大多铸刻在宽剑格两面,只有两把是错金铭文在剑身一面。州句,也作翁、朱句、朱勾,越王不寿之子,越王勾践之曾孙,公元前448年至前412年在位。湖北荆州市荆州区藤店楚墓出土一把越王州句剑

(图6-17),全长56.2厘米,身宽4.3厘米,柄长9.1厘米,棱脊规整,线条分明,剑身一面的下半部有8个错金鸟虫书铭文:"戉(越)王州句自乍(作)用佥(剑)";圆柱形剑茎带双箍,剑茎后半截加粗与圆形剑首连在一起呈喇叭状,属于圆首双箍柱茎剑。

图6-17 越王州句剑　　图6-18 越王旨殹剑
（越中艺术博物馆提供）　　（绍兴民间收藏）

越王不光剑也已发现近30把。不光,也称翳、不扬,越王州句之子,勾践之玄孙。公元前411年至前376年在位。绍兴博物馆收藏一把越王不光剑,不带双箍。绍兴市越中艺术博物馆收藏一把越王旨殹剑(图6-18),全长56.8厘米,身宽4.8厘米,柄长9厘米,属于圆首双箍柱茎剑;剑身前半部分略收狭,并在剑锋段两侧作一弧曲;宽剑格两面竖写横排鸟虫书铭文:"戉(越)王旨(稽)殹(翳)古"和"自乍(作)用佥(剑)古"。字错金银相隔,圆柱形剑茎带双箍,全盘状剑首,剑首底面鸟虫书铭文:"戉(越)王旨(稽)殹(翳)自乍(作)用佥(剑)佳(唯)古"。字间错金银。

越王者差其余剑目前只发现1把,苏州博物馆收藏(图6-19)。无余之,也称初无余、莽安,越王勾剑之曾孙,公元前375

年至前364年在位。此剑全长39.8厘米,身宽3.7厘米;剑身较狭窄,阔平脊斜从,剑身前半部明显收狭;剑身一面下半部的平脊上阴刻一行铭文:"者(诸)差其余择吉金铸甬(用)敛(剑)",剑身通体饰菱格暗纹;宽剑格两面铸兽面纹并镶嵌绿松石,圆柱形剑柄上有双箍,圆盘状剑首,属于圆首双箍柱茎剑。

图6-19　者差其余剑　　图6-20　越国复合青铜剑
（苏州博物馆提供）　　（笔者摄于绍兴市博物馆）

除了越王剑之外,绍兴的几家博物馆还收藏了数把圆首双箍柱茎剑(图6-10、图6-20)。上述实物资料可以得到几点结论:①圆首双箍柱茎是越王剑的主要特征之一,是广泛流传于越地的冶铸工艺,流传有序的帝王之剑多用这类形制,说明这是越剑的最高规格之一。这不仅体现了越人的审美境界,也彰显了越国工匠杰出的制剑技术。②越王剑不但出土于越地,还出土于楚、吴之地,印证了越人南征北战逐鹿中原的史实,从而可以想象越国剑对其他地区的青铜文化产生过一定的影响。③越人掌握圆首双箍柱茎剑制作技术的年代当不晚于春秋晚期,该类型铜剑在越地流行的年代当在整个战国时期。④从形制和制作工艺来说,上林里铜剑明显带有越式剑的风格。因此,上林里铜剑的系谱在越地的可能性比较大。

三、越工匠北进朝鲜半岛的历史背景与路线

生存环境的变化，特别是常年的战争，总会造成人群的迁徙和移动。越国工匠北进朝鲜半岛的契机应该就是几次比较大的战争。第一次是在公元前473年，越王勾践一举灭掉了吴国，吴王夫差拔剑自刎，47岁的勾践终成天下霸主。勾践灭吴后，为了进一步逐鹿中原，曾迁都琅琊。据考证，琅琊在今山东省境内，具体在哪个地方，究竟是新的都城还是仅作为军事据地，至今看法不一，未有定论。林华东指出，"越国的都城仍应在绍兴，而琅琊夏河城应是越国北上经营霸业的立足地，是带有军事性质的屯兵城堡，可称之为越国陪都。"①笔者比较赞同这一说法。无论如何，越国的势力曾经扩展到山东半岛是可以确信的。那么越国的工匠从山东半岛出发，经渤海海峡到达朝鲜半岛西南部的完州郡，这条海路应当可以成立。

越国的第二次人群大移动是在公元前333年，楚威王兴兵伐越，大败越，越王无疆被杀，楚尽取吴故地至浙江，越以此散。流离失所的越国工匠从杭州湾一带入海，很有可能复制第一次北上迁徙的路线，经渤海海峡到达朝鲜半岛西南部的完州郡。

以上只是笔者根据古代越人航海能力和海上交通线路做出的初步判断，越人北上的路线当然需要更多的资料来论证。但是通过以上的考察我们可以发现，韩国上林里的铜剑与越式剑是有文化渊源的，而在这一文化传播和交流的过程中越人的作用和力量不可忽视。总之东亚地区的文化互动格局体现的是人群迁徙的动态，值得我们进一步深入探讨。

第三节　越地考古新证：绍兴迪荡新城
出土铁质农工具及意义②

铁器的出现使人类历史产生了划时代的进步，恩格斯指出："它是在历

---

① 林华东.越国迁都琅琊辨[J].中央民族学院学报,1989(1):15.
② 孙思佳,梁文杰.绍兴迪荡新城出土铁质农工具及意义[J].绍兴文理学院学报(哲学社会科学),2016(4):33-39.

史上起过革命的各种原料中最重要的一种原料。"①中国什么时候开始用铁,在考古学上还是一个没有解决的问题。郭沫若出于对中国古代社会研究的迫切需要,曾希望有更多的铁器出土,并明确指出:"铁是研究中国古代社会分期的重要标志。"②

随着绍兴城市建设步伐的推进,20世纪50年代即被公布为县级文物保护单位的绍兴西施山遗址,被迪荡新城建设所湮没。在迪荡新城建设开发过程中,出土了为数不少的铁质生产、生活用具和少量兵器,与这些器物同出的是更多的青铜农具、工具等。一直以来,绍兴境内同类铁器也偶有发现,但都没有引起人们的重视和关注,这次西施山遗址大面积开挖所暴露的越国铁器,为我们了解、剖析越国铁器的应用和发展提供了充分的实物史料,撩开了越国铁器文化的神秘面纱。

一、西施山遗址概况

迪荡新城的位于绍兴钢铁厂旧址。20世纪50年代,因建设绍兴钢铁厂西施山被平整。1958年,在厂区西南约3米处开凿运漕,于地表深2米处曾出土铁质生产工具和兵器,包括锄、镢、锛、铲、削、剑、矛等。1964年3月,又在西施山以南建化肥厂,浙江省文管会派遣考古人员进行试掘,因为文化层较薄,没有继续扩大发掘范围。1971年12月,绍兴钢铁厂在厂区西门外念佛桥附近建造职工宿舍,绍兴县文管会派员挖探沟两条,在2米深的地层发现印纹陶、原始瓷和青铜器等,文化层厚约40厘米,遗存丰富。2005年5月,为配合迪荡新城建设,浙江省文物考古研究所再次对西施山进行考古试掘,结论认为:西施山遗址是一处面积较广、内涵丰富的春秋战国时期的重要遗址,有制陶、冶炼等手工作坊。

春秋时期,诸侯纷争,干戈不息,越国是在不断争霸过程中崛起的一个

---

① 恩格斯.家庭私有制和国家的起源[M]//马克思恩格斯选集:第四卷.北京:人民出版社,1995.
② 郭沫若.文史论集[M].北京:人民出版社,1961.

国家。公元前496年越王勾践即位,两年后,吴王夫差率大军伐越,勾践败北,作为人质入吴三年,回国后卧薪尝胆,尽其所能发展经济,增强国力。在兴邦复国过程中,勾践送美女给吴王夫差,"以惑其政,以乱其谋",这些美女中最出名的便是西施。越王勾践"恐其朴鄙,遂筑宫台,饰以罗縠,教以容步,习于土城,临于都巷,三年学服,而献于吴"。这座"土城"因西施而建,《越绝书》记载:"美人宫,周五百九十步,陆门二,水门一,建在北坛利丘,勾践所习教西施、郑旦宫台也。恐女朴鄙,故近大道居,去县五里。"《越绝书》上所称的美人宫,在明《万历志》上有载:"在少微山西北,越王作土城,以贮西施,故亦名西施山"由此可见,绍兴的西施山即《越绝书》上记载到的美人宫,而西施山的称谓一直沿用至今。

二、出土器物介绍

(一) 镢

可分为两式:

Ⅰ式(见图6-21):长13厘米,宽5.5厘米。銎、刃等宽,銎口沿外有一周凸棱。

图6-21 镢Ⅰ式
(绍兴市越中艺术博物馆提供)

Ⅱ式:长14厘米,宽5.5厘米。銎部有凸棱,刃部锋利,刃口两个对称圆孔。

(二) 斧

可分为四式：

Ⅰ式(图6-22)：长12厘米，最宽处9.5厘米。整器正面微弧，腹面平坦，刃部宽于銎部。

图6-22 斧Ⅰ式
(绍兴市越中艺术博物馆提供)

Ⅱ式：长11.5厘米，宽7厘米。整器厚实，正面微弧，銎腔内残留木柄残物。

Ⅲ式：长10.5厘米，銎口宽4.8厘米，刃部宽6.9厘米。略呈梯形，整器厚实。

Ⅳ式：长10.7厘米，銎口宽5.3厘米，刃部宽5.3厘米。在銎口下5厘米处呈台阶状斜收至刃部。

(三) 锸

总体呈"凹"字形，可分为两式：

Ⅰ式(图6-23)：长10厘米，宽9厘米。器形宽扁，正面微弧，腹面平整，刃部圆弧锋利，且有后锋，銎口竖直对称。

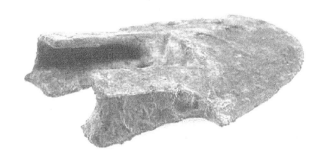

图6-23 锸Ⅰ式
(绍兴市越中艺术博物馆提供)

Ⅱ式:长 10 厘米,宽 10.5 厘米。器形宽扁,微束腰,刃部上方有铆钉孔,銎口竖直对称。

(四) 锄

器形与锸相近,体型较宽扁。可分为两式:

Ⅰ式(图6-24):长 12.5 厘米,宽 11.5 厘米。器形较大,圆弧形刃,銎部较宽,刃部上方有四个铆钉孔,銎口两面相错。

图6-24 锄Ⅰ式
(绍兴市越中艺术博物馆提供)

Ⅱ式:长 14 厘米,宽 13 厘米。器形较大,微束腰,弧形刃。

(五) 耙

可分两式:

Ⅰ式:长 16 厘米,最宽处 16.5 厘米,束腰处 12 厘米。器形大而扁宽,刃部圆弧。

Ⅱ式(图6-25):长 18.5 厘米,最宽处 17 厘米,束腰处 11 厘米。口沿外层镶补刃部以铆钉加固;刃部呈三角形,銎口对称。

图6-25 耙Ⅱ式
(绍兴市越中艺术博物馆提供)

(六) 镰

整体呈半月形,可分为六式:

Ⅰ式:长 18 厘米。整体微弧扁薄,刃部有锯齿状,后端有直角形折起。

Ⅱ式:长 14 厘米。整器弧度较大,刃部锋利,前、后端平直。

Ⅲ式:长 18 厘米。整器较平直,刃部有锯齿,前端无尖,后端有向刃部延伸的柄。

Ⅳ式(图 6-26):长 18 厘米。整器较平直,后端煅成卷尾,且尚留有木质部件,刃部有锯齿痕迹。

图 6-26 镰Ⅳ式
(绍兴市越中艺术博物馆提供)

Ⅴ式:长 22 厘米。整体微弧扁薄,刃部有锯齿状痕迹,尾部有卷边。

Ⅵ式:长 23.5 厘米。整器微弧,刃部锋利,尾部折边。

(七) 铡(图 6-27)

长 34 厘米,宽 5.5 厘米,刃部锋利;整器前端有一直径约 1 厘米的圆孔,圆孔使用痕迹明显,作用为固定铡刀,发挥其杠杆定理的装置。

图 6-27 铡
(绍兴市越中艺术博物馆提供)

(八) 锛（图 6-28）

器形大致相近，长 10.5～15 厘米；长方形，单面刃，刃部锋利，等宽于銎口。

图 6-28 锛
（绍兴市越中艺术博物馆提供）

(九) 铲

可分三式：

Ⅰ式：长 20.5 厘米。整器扁平，铲头略呈长方形，扁平长柄。

Ⅱ式（图 6-29）：长 15 厘米，最宽处：16.5 厘米。整器呈扇形，刃部弧形，銎口处铭一"王"字。

图 6-29 铲Ⅱ式
（绍兴市越中艺术博物馆提供）

Ⅲ式:长 15 厘米。铲呈长方形,刃部宽 4.5 厘米,后接长柄,柄尾部煅成环状。

(十) 犁(图 6-30)

銎口最宽处 12 厘米,高 7 厘米。呈三角形,正面微弧,两边刃部锋利,背面平坦。

图 6-30 犁
(绍兴市越中艺术博物馆提供)

(十一) 锯(图 6-31)

长 29 厘米,宽 3.6 厘米。整器扁长,锯齿状刃部,齿深及间距均约 2 毫米,尾部细长。

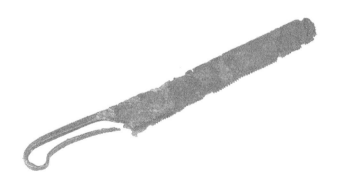

图 6-31 锯
(绍兴市越中艺术博物馆提供)

(十二) 削

可分为四式:

Ⅰ式(图6-32):长16厘米。刃部锋利,刃尖呈锋,尾部有环首。

图6-32 削Ⅰ式
(绍兴市越中艺术博物馆提供)

Ⅱ式:长12厘米。把和刃中部等宽,刃部锋利,有刃尖,尾部环首。

Ⅲ式:长21厘米。刃部平直,尾部环首。器形似伴出的铜质削刀。

Ⅳ式:长22.5厘米。刃部细尖,后段与把等宽,接近尾部有一圆孔,环首卷曲两圈。

(十三) 凿

可分为三式:

Ⅰ式:长13.5厘米。整器扁窄,长方形銎,刃部锋利。

Ⅱ式(图6-33):长11厘米。"U"形卷銎,刃部宽于銎口。

图6-33 凿Ⅱ式
(绍兴市越中艺术博物馆提供)

Ⅲ式:长11.5厘米。"U"形卷銎,刃部和銎口等宽,刃部锋利。

(十四) 錛

可分为二式:

Ⅰ式(图6-34):长13.5厘米。方形銎口,銎口到刃部呈弧形下弯,刃部平直且锋利。

图6-34 錛Ⅰ式
(绍兴市越中艺术博物馆提供)

Ⅱ式:长16厘米。銎口有箍,銎口到刃部呈弧形下弯,刃部平直且锋利。

(十五) 刀(图6-35)

可分为六式。长26~32.5厘米不等,据使用功能,形制略有不同,有的至前端渐收成锋,有的刀柄处有椭圆形箍,刀背呈弧状等,刃部锋利。

图6-35 刀
(绍兴市越中艺术博物馆提供)

145

三、出土铁器的断代

有关东周时代铁器考古资料的报道和文献记载并不丰富,特别是铁器出土地点较为集中、品类丰富、数量较多的目前只有战国晚期燕下都考古资料,能和绍兴市博物馆馆藏铁器作为参考。1964年,战国晚期燕下都第22号遗址东侧,发掘出铁器64件,其中铁刀12件、刮刀2件、宽刃凿1件、镢6件、锤1件、锥17件、斧7件、耙1件、镰2件、铲1件、带钩2件、箭镞1件。该次发掘,总面积仅80平方米,所获铁器之多,令人惊异。1965年发掘的河北易县燕下都44号墓,是一座战国武士丛葬坑,保存人骨22具。墓中共出土铁器79件,包括剑15件、矛19件、戟12件、镦11件、刀1件、匕首4件、胄1件、锄1件、镢4件、带勾3件和几件零星器物。① 这些出土文物或可为迪荡新城建设出土的铁器在断代上进行比较,以此确定其年代。

西施山遗址出土的镢Ⅰ式、Ⅱ式和燕下都22号墓出土的一件镢(H1:26)及另一件(T1:3:6)器形类同,都为扁方銎,刃、肩宽度相同,侧面为楔形;斧Ⅰ式和22号墓的一件斧(T2:9)器型相似,扁方銎,刃比肩宽。

刀的形制和燕下都22号墓出土铁刀Ⅰ式(T4:2:1)相似,刃把交接处都为斜角,刀身剖面为楔形,刀把窄,刃锋利;也与22号墓的一把铁刀Ⅱ式(T4:3:4)相似,都为背部略有弧度,刀身剖面呈楔形,刀把剖面呈梯形。

削Ⅲ式、Ⅴ式和燕下都22号墓出土的削刀(T3:3:22)及(T4:2:1)器形相似,都为刃后端与刀把呈直角,刀身剖面为楔形,后端延伸成环柄。

凿Ⅱ式和燕下都22号墓出土的一件宽刃凿(T4:3:14)器形相似,为"U"形卷銎,口大底小。

镰Ⅱ式、Ⅲ式和燕下都22号出土的一件镰(T4:3:5)相似,均为弓背、凹刃。

近几年来,绍兴市博物馆陆续向社会征集到一批西施山遗址出土的铁器,包括鼎、权、矛、铧、削、镢、镰等,这些器物都为同一地点出土,形式、特征

---

① 河北省文化局文物工作队.燕下都第22号遗址发掘报告[J].考古,1965(11).

一致,其时代都定为战国中晚期。笔者认为:"西施山遗址是典型的春秋战国遗址。……西施山遗址出土的铁器表明,越国在战国中期以后已经普遍应用铁器于社会生产、生活各个领域。"[①]纵观已有资料证明,绍兴西施山遗址出土的铁器其时代当为战国中晚期,下限至西汉早期,从类型学与同时期的青铜农工具进行比较,当属先后发展的同类器物,是研究越国历史及社会发展的珍贵实物史料。

四、越国铁器发展的主要原因和影响

(一) 丰富的矿藏资源和便利的水陆交通运输

《考工记》:"吴越之剑,迁乎其地而弗能为良也,地气然也。"金属器物的冶炼显然离不开金属原料产地和铸造设施、场所。越国的冶炼铸造技术至春秋时期已十分娴熟。西施山遗址范围内经浙江省文物考古研究所勘查有制陶、冶炼等手工作坊。据载,西施山位于越王勾践行宫旁边,地处繁华,交通便利,是越国山阴故水道和故陆道的起点,与练塘相连接。练塘,《越绝书》记载:"练塘者,勾践时采锡山之炭,称'炭聚',载从炭渎至练塘,各因事名之。去县五十里。"《水经注·浙江水》记载:"练塘,勾践冶金处,采炭南山,故其间有炭渎"。从锡山往北2公里就是练塘村,现属东关镇辖,紧傍绍兴城东陶堰镇,与山阴故陆道、故水道相连接,因自古便是冶炼矿产的地方,故称"练塘"。

锡山,《万历志》云"在府城东50里,宝山旁",《旧经》载:"越王采锡于此。"《明史·地理志》记载:"会稽县东有锡山,旧产锡。"该山亦出银,故又有银山之称。其实,越国先民早已认识矿物的共生关系,《管子·地数》篇说:"黄帝问伯高,伯高对曰:上有丹砂者下有黄金,上有慈石者下有铜金,上有陵石者下有铅锡赤铜,上有赭者下有铁,此山之见荣者也。"书中提到了金、银、铜、铁、铅、锡等的共生关系。锡山至今仍称银山,山高约40米,据现场调查,其山坡上堆积大量早期经高温熔烧而废弃的矿石及一些零星的绳纹、

---

① 河北省文物管理处.河北易县燕下都44号墓发掘报告[J].考古,1975(4).

回纹、粗网格纹印纹硬陶片。曾有地质专家从山坡上捡回矿石标本进行检测,矿石内含有多种金属成分,包括铜、锡、铅、铁、银等。锡山、练塘、炭渎的循序建立,反映了春秋战国时期越国完善的金属冶铸、运输体系,也为西施山同样成为冶铸地提供了必要条件。迪荡新城建设时伴随这些铁器出土的还有一个陶质坩埚,坩埚表面布满金属液体流淌浸蚀后的痕迹,充分说明了迪荡新城所在的西施山遗址曾经是一个金属冶炼的作坊基地。此外,绍兴古代的冶金技术中有关铁的记载还很多,《吴越春秋》卷四说:"干将作剑,采玉山之铁。"晋王嘉《拾遗记》卷三说到范蠡相越之时,"铜铁之类,积如山阜"。嘉泰《会稽志》卷十三记载越州东南的古冶,引《会稽记》说:"铜牛、铁冶,越王铸剑之所。"明人欧大任也有考证欧冶子和干将"凿茨山,泄其溪,取铁作剑三枚"[1]等说法。

地处绍兴西南兰亭街道、漓渚镇境内的漓渚铁矿,是一座已探明储量为74 949万吨的铁矿区,矿体产于中生代火山岩内部,20世纪50年代开始由国家集中开采,至今生产不断,是目前已知绍兴铁矿储存最丰富的矿区,名闻遐迩的"印山越王陵"就在其东南方4公里处。综上所述,绍兴自古以来就是一处矿产蕴藏丰富、开采利用先进的地区。

(二) 社会发展的需求

人类对铁的利用比黄金和铜迟很多,这是由客观原因和历史必然性造成的。第一,自然界中单质铁的存在非常稀少,而黄金和铜的单质存在分布却广得多,这就导致了人类最先发现和利用的局限性;第二,冶炼铁的客观温度即铁的熔点(1 538℃)远远高于铜的熔点(1 084℃),冶炼技术上的难度限制了人类对铁的早期利用。

铁器的坚硬与锋利在生产力上是一个质的飞跃。越国的冶铁技术成熟在很大程度上以青铜冶炼技术为基础。越国的青铜剑举世闻名,在当时就是各国争相得到的宝物,"越王勾践自作用剑"经科学分析,得知该剑各部位由铜、锡、铅、铁、硫、砷诸元素组成,且含量各不相同[2]。《越绝书》载有楚王命风胡

---

[1] 刘侃. 绍兴西施山遗址出土文物研究[J]. 东方博物,2009(2).
[2] 复旦大学静电加速器实验室,中国科学院上海原子核研究所活化分析组,北京钢铁学院《中国冶金史》编写组. 越王剑的质子 x 荧光非真空分析[J]. 复旦学报(自然科学版),1979(11).

子请欧冶子和干将做成的三柄铁剑:龙渊、泰阿、工布。更是说明在越王勾践时期,越国工匠就有掌握冶炼铁的能力。因而,在青铜所能起的作用受到极大挑战时,越国统治者寻求发展性能优越的冶铁业是社会发展的必然追求。

(三) 地区间的文化交流与影响

中国开始锻造和使用铁器的年代一般认为在春秋时期,这些铁器多数发现于湖南省长沙地区,见于资料的大约 20 件,器形有凹形锄(畲)刃、梯形锛刃、削、刮刀、剑、鼎等,经检测,多数属固态还原的块炼铁(指不含碳的铁)。春秋时期,楚国疆域辽阔,涵盖了现在的湖北和大部分的湖南地区,长沙就在当时的楚国境内。《越绝书·越绝外传记宝剑》云:"楚王召风胡子而问之曰:'寡人闻吴有干将、越有欧冶子……因请此二人作铁剑,可乎?'风胡子曰:'善。'于是乃令风胡子见欧冶子、干将,使人作铁剑。……一曰龙渊,二曰泰阿,三曰工布[1]。"这一时期当属春秋晚期。1976 年湖南长沙杨家山发掘出土的铁剑残长 38.4 厘米,剑格为青铜。观察剑身的断面,可见经反复锻打的层次。经过金属分析,铁剑系含碳 0.5% 的中碳钢[2],可证楚国在春秋晚期已能制造质量较高的铁剑。《吕氏春秋·知化篇》:"吴之与越也,接土邻境,壤交道属,习俗通,言语通[3]。"吴越两地都以水稻种植为主,而且都制造和使用形制基本相同的农业生产工具,如锯齿形镰刀、三角形犁、凹字形锄等。《中国历史博物馆馆刊》载有雷从云先生统计的春秋时期吴国出土铁器。在雷氏统计中,比较肯定的有:六合程桥 1、2 号墓铁丸、铁条各一件,九江磨盘墩铁器三件。这些都是有据可查比较确定的春秋时期的铁器[4]。吴、越两国的历史渊源必定会让两国金属制造业互相影响,使铁器在越国出现和普及成为历史必然性。

越民族的发展历史主要在春秋战国时期,同时重点影响西汉初期这一历史阶段。战国至西汉是我国铁器发展的重要时期。从绍兴西施山遗址出土的越国铁器,还可以看出越国铁器文化对西汉时期的闽越、南越等地的铁

---

[1] 张宗祥.越绝书校注[M].北京:商务印书馆,1956.
[2] 越绝书:越绝外传记:宝剑[M].上海:上海古籍出版社,1985.
[3] 长沙铁路车站建设工程文物发掘队.长沙新发现春秋晚期的钢剑和铁器[J].文物,1978(10).
[4] 关贤柱.吕氏春秋全译[M].贵阳:贵州人民出版社,1997.

器文化影响深远。

闽越是西汉初期以来我国东南沿海的一个地方政权,闽越是古代百越民族中的一支,活动在以福建地区为主的沿海地区。《台湾海峡两岸的古闽越族》一文认为:"浙南、闽北(九龙江为界)和台湾是闽越的居住地。"[①]《史记·东越列传》曰:"闽越王无诸及东海王摇者,其先皆越王勾践之后也,秦已并天下,皆废为君长,以其地为闽中"。[②] 学术界一般认为,闽越是由浙江迁入的越人与当地人融合发展起来的一个部族。闽越出土的铁器,以西汉的崇安汉城最为丰富,在1981—1988年崇安闽越王城的考古发掘中,出土了为数不少的铁器,包括生产工具、生活用具、农具、兵器、建筑构件和杂器等[③],其形制、种类与风格与绍兴西施山遗址出土铁器十分相似,可知闽越的铁器制作工艺受越国铁器制作工艺影响巨大,无疑是越国冶炼工业传承与发展的真实写照。

南越为百越的其中一支,南越国是汉初割据岭南的地方政权。《史记·南越列传》:"南越王,尉佗者,真定人也,姓赵氏。……秦已破灭,佗即击桂林、象郡,自立为南越武王。"1983年6月发现的广州市象岗山南越王墓经考古发掘,出土铁器上百件,其中剑、矛、戟、镞、䦆、锄、锛、环首刀等铁兵器和铁工具,在形制上与西施山出土的铁器相类似,如前室出土的一枚环首刀(A6)和西施山遗址出土的削;东耳室出土的铁锸(B41)、铁锄(B40-1)、铁䦆(B37)和西施山遗址出土的锄(Ⅱ式)、锸(Ⅰ式)、䦆(Ⅱ式);西耳室出土的铁镰(C72)、铁削(C145-7)、铁凿(C145-36)、铁刀(C114、C115)与西施山遗址出土的镰(Ⅳ式)、削(Ⅲ式)、凿(Ⅲ式)、刀(图6-35)等,器形相似。通过器物比较,我们可以看出南越国的冶铁工艺和越国的冶铁技术一脉相承,可见南越国和越国在生产、军事上有着千丝万缕的联系。

五、总结

自古学者就认为,越国至少在战国时期就已经冶铁。迪荡新城建设中

---

① 雷从云. 三十年来春秋战国铁器发现述略[J]. 中国历史博物馆馆刊,1980(2).
② 辛土成. 台湾海峡两岸的闽越族[M]. 厦门:厦门大学出版社,1988.
③ 福建省博物馆. 崇安城村汉城探掘简报[J]. 文物,1985(11).

西施山遗址出土铁器数量、品类之多,是越国春秋战国以来冶铁工业的重要实物证据。从中我们可以得出一个结论:古越国在春秋战国时期就已经有了冶铁业,并和青铜业共同发展,这不仅有效促进了古越国经济、军事力量的壮大,也影响着整个百越民族,其技艺在时间和空间上都有典型的传承与发展。

迪荡新城所在的西施山遗址是典型的春秋战国时期的古文化遗址,出土遗物的内涵十分丰富,其时代上限为春秋,下限则在西汉初。特别是出土的铁器,是研究越国社会发展的重要实物资料,对研究越国多元文化和中国铁器文化,重新认识亚洲铁器文化的传播有着极其重要的意义。

第四节　从锻鋆铁器看越国铁器制作技术对日本的影响[①]

一、日本铁器的源流

在东亚地区,中国是最早使用铁的国家,并对周边地区产生了重大的影响。中国使用铁的历史最早可以追溯到商代。河北省藁城台西出土一件商代的铁刃铜钺[②],这是一件残品,残长11.1厘米,刃部宽6厘米,经过现代技术测定,刃部系用陨铁制成。[③] 此外,北京平谷刘家河遗址出土一件刃部同样由陨铁制成的铁刃铜钺[④],也是商代制品。这两件铁器的发现引起了国内外学术界的广泛关注,由此表明我国制铁技术发源于中原地区,且古代先民至少在公元前1000多年就已经掌握了陨铁锻打技术。

春秋时期的铁器多发现在甘肃、陕西一带,湖南、江苏等长江流域也有出土,涉及全国十几处遗址。经鉴定,已经出现了铸铁制品,包括长沙杨家

[①] 孙思佳.从锻鋆铁器看越国铁器制作技术对日本的影响[J].亚洲文化,2022(6):117-127.
[②] 河北省文物研究所.藁城台西商代遗址[M].北京:文物出版社,1985.
[③] 李众.关于藁城铜钺铁刃的分析[J].考古学报,1976(2).
[④] 北京市文物管理处.北京平谷县发现商代墓葬[J].文物,1977(11).

山出土的铁鼎、江苏六合程桥出土的铁丸①、陕西凤翔秦景公墓中的一部分铁器等②,说明制铁技艺进一步发展的同时,铁器使用也由中原向周围不断传播开来。

战国时代,铁器的种类和数量显著增长。春秋墓葬中铁器往往仅见一两件,而战国早期如山西省长治分水岭14号墓出土9件铁器③。到了战国中晚期,铁器使用规模进一步扩大和普及,不但见于黄河流域和长江流域,北至黑龙江,南至两广都有出现。其中,河北易县燕下都战国晚期的44号墓发现120余件铜器、铁器,79件铁器中兵器占78.5%,说明铁兵器已经开始取代铜兵器在历史舞台上发挥作用。可以说,战国时代随着冶铁设备的改进、铸型制作技术的进步,中国的冶铁术已经非常成熟。

汉代冶铁业在战国时期的基础上得到进一步发展,无论是王公贵胄的墓还是一般庶民的墓都有大量铁器出土,汉代铁器普及的情况可见一斑。汉武帝元狩四年(前119),全国设49个铁官,国家开始直接控制冶铁业。铁器的发展在汉代达到鼎盛。

相比中国,东亚其他地区的铁器出现要晚得多。关于朝鲜半岛铁器的使用时间一般认为始于中国的战国时期。郑白云认为朝鲜半岛北部铁器的使用与燕国铁器使用的起始年代大致同时,应始于中国战国时期,而开始制作铁器的年代早于汉代。④ 王巍通过分析朝鲜半岛早期铁器的源流明确指出,这是"战国晚期燕国铁器文化由北向南波及的结果"⑤。公元108年,汉武帝在朝鲜半岛设乐浪等四郡,进一步推动了铁器在该地区的发展和普及。

日本发现年代最早的铁器是北九州福冈县系岛郡曲田遗址出土的一件铁器刃部的残片,含杂质极少,是用块炼铁锻造而成。这是一处绳文时代晚期后段的"夜臼式期"的遗址。虽然发现了绳文时代晚期的铁制品,但只有零星几处,在弥生前期的遗址中,铁器出土的数量还很少,一直到弥生时代

---

① 江苏省文管会,南京博物院. 江苏六合程桥东周墓[J]. 考古,1965(3).
② 张宏明. 中国铁器时代应源于西周晚期[J]. 安徽史学,1989(2).
③ 山西省文物管理委员会. 山西长治市分水岭古墓的清理[J]. 考古学报,1957(1).
④ 郑白云. 关于朝鲜使用铁器的起始年代[J]. 朝鲜学报,1960(17).
⑤ 王巍. 东亚地区古代铁器及冶铁术的传播与交流[M]. 北京:中国社会科学出版社,1999:73.

后期铁器才逐渐取代石器占据了武器、农具的主流。弥生时代日本人与大陆交往密切,迅速从绳文时代延续下来的采集经济形式向稻作为中心的经济劳动方式转移。阶级社会渐渐形成,随之而来的就是农业收作、阶级矛盾等问题,无论是发展农业还是各势力之间的战争,金属器的使用都显得尤为重要。有关日本铁器传入的问题,普遍认为中国铁器经朝鲜半岛到达日本北九州的路线是主干线。川越哲志认为,随着战国时期燕国势力的扩张,燕国铁器进入辽东,燕灭亡后,辽东流民进入朝鲜北部,铁器也随之传入朝鲜半岛,其中一部分南下越过朝鲜海峡、对马海峡传到日本列岛。[①] 奥野正男指出,弥生初期的日本铁器多为华北、朝鲜半岛的舶来品,之后北九州的铁器制作技术是在日本与乐浪的交流中获得的。[②]

  由上述内容可知,东亚的铁器文化发源于中国,在战国晚期逐渐影响到朝鲜半岛,并通过朝鲜半岛同时也扩展到了日本列岛,传入年代当不晚于绳文时代晚期后段的"夜臼式期",即公元前4世纪末,这是学界普遍的看法。但关于铁器东传的路线问题,历来的研究都以北方路径为主线,认为朝鲜半岛和日本列岛铁器的发生主要受到中原地区和燕国的影响。而事实上,金属器的使用是稻作文化最核心的内容之一,为日本列岛带去稻作文化的人除了朝鲜半岛的渡来民之外,还有来自江南地区的越人。绳文时代晚期后段至弥生时代初期相当于我国的春秋战国时期,那时以今绍兴为中心的越国国力一直比较强大,打败吴国后一度成为霸主之一。越人掌握了成熟的青铜器制造技术,传说越王剑削铁如泥,各国争相抢之,铁器的制作自然承袭了这一传统。然而由于此前越国铁器出土不多,学界对其缺乏了解和研究,实为一大憾事。而绍兴西施山遗址的发现则为我们研究越国铁器提供了大量的实物资料。应该说,"锻銍技术"是越国铁器最为显著的特点。所谓锻銍,是指采用锻打折合成形技法制成竖銍的技法。而同时期的日本也有许多锻銍铁器,结合稻作文化传播的背景,两者之间不可否认存在着一定的联系。接下来,笔者将重点围绕锻銍技术对两者的铁器进行比较,来重新

[①] 川越哲志著.日本弥生时代初期的铁器研究——以川越哲志氏的研究为中心[J].韩国河,译.汉江考古,2001(3):88.
[②] 奥野正男.鉄の古代史 1[M].東京:白水社,1991:148.

认识越国铁器在东亚铁器交流史上的地位。

二、越国锻銎铁器

绍兴西施山遗址是一处春秋战国时期的重要遗址,出土铁器应不少于百件,其中绍兴市博物馆收藏部分,绍兴市越中艺术博物馆收藏部分,其余流散民间。这批铁器的年代当为战国时期中晚期,下限至西汉早期。[①] 锻銎铁器是该遗址出土铁器最为重要的特点之一。锻銎铁器主要分为封闭型銎和非封闭型銎两种,在此择重点进行分析说明。

(一) 封闭型銎

铁凿 1(图 6-36)。长 11.2 厘米,宽 2.6 厘米,銎长 5.3 厘米,宽 3 厘米。整体呈扁平长条状,弧刃。銎部正视为长方梯形,侧视为楔形。銎口为长方形,四角规整呈直角。銎部背面竖向清晰可见接缝,但接缝致密,属封闭型銎。

图 6-36 铁凿 1 及其銎部
(绍兴市越中艺术博物馆提供)

铁矛 1(图 6-37)。通长 22 厘米,刃部长 10.1 厘米,两翼最宽处为 4.4 厘米,骹部长 11.9 厘米,銎口呈圆形,直径约 4 厘米,锋刃尖利。骹部系翻卷叠合锻打成型,竖向锻銎痕迹明显,接缝处有裂口。銎口处周缘向外翻卷叠合,使骹部更加厚实坚固。属于封闭型銎。

---

① 孙思佳,梁文杰.绍兴迪荡新城出土铁质农工具及意义[J].绍兴文理学院学报(哲学社会科学版),2016(4):36.

图 6‑37 铁矛 1 及其鋬部
（绍兴市越中艺术博物馆提供）

铁矛 2（图 6‑38）。通长 27.4 厘米，刃部长 15.1 厘米，两翼最宽处为 3.8 厘米，骹部长 12.3 厘米，銎口呈圆形，直径约 3.5 厘米。整体器型修长，木柄残留，通体有锈蚀剥落的现象。銎部竖线接缝清晰可见，接合度高。属封闭型銎。

图 6‑38 铁矛 2 及其鋬部
（绍兴市越中艺术博物馆提供）

（二）非封闭型銎

铁凿 2（图 6‑39）。长 18.2 厘米。宽 3.1 厘米。銎长 6.8 厘米，宽 3.8 厘米。整器扁窄，腰身部至刃部较平直，銎部略外鼓，刃部锋利。銎部呈直角长方形，銎口处周缘向外翻卷叠合，使銎口增厚加固。銎部竖向接合缝明显，呈劈裂状。属非封闭型銎。

图 6‑39 铁凿 2 及其鋬部
（绍兴市越中艺术博物馆提供）

铁凿3（图6-40）。长11厘米，宽3.4厘米。銎部长4.6厘米，宽3.8厘米。凿身至刃部扁平，刃部微微翻翘，宽于凿身。卷銎，銎口呈直角长方形。銎部竖向下段接合缝明显，銎部上段未封闭，整体裂缝呈"人字形"。应属非封闭型銎。

图6-40 铁凿3及其銎部
（绍兴市越中艺术博物馆提供）

铁斧（图6-41）。通长9.3厘米，宽5厘米，厚3.5厘米。呈长方形，刃部为圆弧形，外弧刃。銎口似方形，非封闭型銎。

图6-41 铁斧
（绍兴市越中艺术博物馆提供）

铁镰（图6-42）。长17厘米，宽1.8厘米，銎部最宽处3.9厘米。整体呈扁平状，略带弧度，单侧锻打翻卷呈銎部。非封闭型銎。

图6-42 铁镰及其銎部
（绍兴市越中艺术博物馆提供）

由上述出土资料可见，战国中晚期越国的锻銎铁器品类丰富，以凿、斧、矛为主。从锻銎的类型来看可分为两类。一类为封闭型銎，整体形制规整，与铸造品相似；另一类为非封闭型銎,这类铁器銎部的处理比较多样,如铁凿2、铁凿3的銎部接合虽然不致密,与铸造品有一定差异,但整体形制与封闭型銎接近;铁斧的銎部完全没有接合,形制与锻造品判然有别;铁镰只在一端作锻打翻卷。但总体而言,两类铁器的工艺有共同点,即銎部均系锻打折合成型。

有关锻銎铁器的制作过程,云翔认为:"取其板块状(或)棒状坯料(或是将两块含碳量不同的铁料锻接在一起的坯料),将其一端捶打锻制成平板状,再将平板之两端向同一方向弯折并锻接于一体(或拼合起来)制成銎,并在銎内插入内模进行整形,然后再锻制刃部(也有可能是先锻制刃部,再制銎)。有时为了使銎口增厚而加固,还需将銎口向外翻卷叠合。"[①]这个做法的可能性很高,可以说两类锻銎铁器最大的区别在于,封闭型銎在锻打折合的过程中需要配合内模进行整形,非封闭型銎在制作折合时两端不完全对接,对形制细节要求不高,内模可用可不用,有的铁器銎部两端完全不对接,呈敞口状,因此不需要使用内模整形。锻銎铁器的出现标志着铁器制作方式发展到了一个新的阶段。

中国铁器制作最开始是用块炼铁锻打制造的方法。河南三门峡虢国墓地1号高级贵族墓出土一件铜柄铁剑,其年代为西周晚期。说明最晚在西周晚期,中国中原地区已经使用块炼铁锻打技术制造铁器。在春秋时期,中国黄河流域、长江流域又普遍掌握了铁器铸造技术。而绍兴西施山遗址的锻銎铁器表明,至少在战国晚期,越人的锻銎技术已完全成熟。战国时期越国之所以能全面掌握这一技术,是与其高度发达的青铜器冶铸业基础密切相关的。锻銎法可以说是越国铁器的一大标志。

除了西施山遗址外,广州南越王墓出土的锻銎铁器也比较引人注目。南越国是赵佗于西汉初年(前203)在岭南建立的地方政权,历五世,共93年,至公元前111年(即汉帝元鼎六年)被汉朝军队击灭。南越国疆域包括今天的广东、广西和越南北部的广大地区,先秦时期越人的其中一支就生活在这一带,文化上与越国有着亲缘关系。南越王墓是西汉初年南越王国第二代王赵眛的陵墓,出土锻銎铁器7件(图6-43)。其中1~6为封闭型銎,

---

[①] 云翔.战国秦汉和日本弥生时代的锻銎铁器[J].考古,1993(5):456.

当属封闭型銎,第 7 件为非封闭型銎。

同期在中国其他地区也陆续有发现锻銎铁器,但都只是零星几件,均不如西施山遗址和南越王墓出土锻銎铁器的规模。

图 6-43
1～3 锛;4、5 凿;6、7 铲
(引自《战国秦汉和日本弥生时代的锻銎铁器》[①])

三、锻銎铁器在越地的演进

就目前所见之锻銎铁器中,绍兴西施山遗址、燕下都 22 号遗址、广州南越王墓、崇安城村汉城遗址、临淄齐古城等地均有出土封闭型銎锻銎铁器,其年代大致为战国中晚期至东汉初期。因此,封闭型銎锻銎铁器流行的年代大约为公元前 3 世纪初至公元 1 世纪。绍兴西施山遗址、崇安城村汉城遗址、徐闻汉墓、平乐银山岭汉墓等地出土铁器中,发现有銎部完全没有接合的铁器,年代早至战国中晚期,晚至东汉末年及以降,因此这类非封闭型銎锻銎铁器的流行年代是在公元

---

① 云翔.战国秦汉和日本弥生时代的锻銎铁器[J].考古,1993(5):454.

前2世纪至公元3世纪。像绍兴西施山遗址出土的铁锸2、铁锸3那样銎部不完全紧密接合的锻銎铁器是封闭型銎到非封闭型銎的过渡形态,流行年代应在这两者之间。由此可见,锻銎铁器中封闭型銎出现最早,銎部不完全紧密接合的非封闭型銎是过渡形态,銎部完全没有接合的非封闭型銎是后期形态。三者之间存在着此消彼长的关系,在后期形态出现后,前两者渐渐消失,这是锻銎铁器发展史上的一个重大转折。

锻銎铁器没有在中原流行,反而在越地比较繁荣,这应该与两地冶铁业发展情况有关。中原地区较早掌握了冶铁技术,经过长时间的发展,到了战国时期已经有了相当发达的冶铁业,中原各制铁作坊都采用液态铸造和固态退火脱碳工艺批量生产铁器,铁器生产效率很高,因此中原地区普遍流行铸铁。相反,越地相对中原经济较为落后,没有先进的冶铸铁业支撑,很显然,锻造比铸造更符合当地的铁器制作水平。在这样的条件下,锻打成型的方式不但技术难度大大降低,其必然的结果就是提高了生产效率。此外,从越地的锻銎铁器的类型来看,农工具的比例远远高于兵器,说明越地发展锻銎铁器主要是为了提高社会生产力。像南越所在的岭南地区,地处偏僻,先秦时期生产力水平低下,基本没有铁制工具,仍依靠简陋粗笨的石器和少量的青铜工具进行刀耕火种、狩猎渔捞。他们没有自己的文字,文化发展缓慢。[①] 公元前221年,秦始皇灭六国,建立起统一的中央集权制封建国家。为进一步完成大一统,秦始皇克闽越,战岭南,令中原人与百越人杂处,这些中原的将士和女子给百越地区带来了先进的文化和农业、手工业技术,推动了当地的社会经济发展。可以说越地锻銎铁器的发展不但符合当地社会生产发展需求,也与当地的铁器制作水平相适应。

此外,西汉年间冶铁手工业空前发展,管理冶铁的机构扩大,职官组织也系统化,公元119年,汉武帝在49个产铁地区设置铁官,由国家直接控制冶铁业,特别对南越王等异性王侯采取的是供铁器而禁冶铁的政策,对设于朝鲜半岛的乐浪等郡亦如此。两汉时期民间冶铁被限制,这恰恰促成了仿造铸铁的锻銎技术在越地甚至全国范围内的广泛流传。

---

① 李林娜. 南越藏珍[M]. 北京:中华书局,2002:3.

四、日本早期锻銎铁器

日本的铁器以北九州发现最多,其中锻銎铁器主要是农工具,铁器农工具在弥生前期出土的数量很少,直至弥生中期前半日本列岛所用工具仍然以大陆系磨制石器为主,比如用宽形弧刃石斧做砍伐木材,用扁平薄刃石斧代替手斧对工具进行加工,以柱形薄刃石斧代替凿在木材上削刮和挖空等。日本该阶段的铁器工具仅有用来加工的铁刀。

而日本发现最早的锻銎铁器是福冈县北九州市长行遗址出土的一件铁锛(图6-44)。该器残长9厘米,刃宽4.5厘米,銎部有残缺,銎部有接缝痕迹,其年代为弥生时代前期,应属封闭型銎。

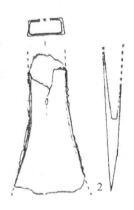

图6-44 铁锛
(引自《东亚地区古代铁器及冶铁术的传播与交流》[①])

弥生中期后半到后期前半,九州北部的铁器数量显著增加,与此同时,在九州北部广泛生产的采伐工具宽形弧刃石斧在弥生中期前半急剧减少,大约在后期初已基本停止制作。取而代之的是铁斧。随着铁斧的普及,石器逐渐失去了

---

① 王巍.东亚地区古代铁器及冶铁术的传播与交流[M].北京:中国社会科学出版社,199:110.

使用价值,这一变化具有划时代的意义,说明日本的社会生产力在这个阶段得到了质的飞跃。壹岐市原辻遗址的出土情况基本反映了这一时期从石器过渡到铁器的现象。该遗址出土情况表明,弥生中期前半几乎都是石器,后期前半除了宽形弧刃石斧和石簇外,还出现了锄头、镰刀等铁制农具以及铁箭镞、铁斧、铁针、铁片等,铁器品类丰富多样。原辻遗址中出现了锻造铁器,简要介绍如下。

铁斧(图6-45)。通长7.2厘米,刃部宽4厘米。銎部长5厘米,宽3.3厘米,厚2厘米。銎部窄、刃部宽,略显双肩。单面刃,刃略直。接口处最宽为2.3厘米。属非封闭型銎。

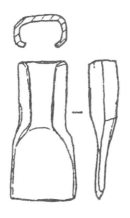

图6-45 壹岐市原辻遗址出土的铁斧
(引自《铁的古代史1》[①])

铁锸1(图6-46)。銎口略宽于刃部,平面呈倒梯形,銎部呈椭圆形,銎径较大,外弧刃。其基本结构是将锻打成形的长方形铁片的两端向背面弯折,形成可插置木手柄的銎部。一般而言,锸的銎部较长,往往接近器物长度。该遗址还出土2件同类铁锸2(图6-47)、铁锸3(图6-48)。这3件铁锸均系非封闭性銎。

---

① 奥野正男.鉄の古代史1[M].東京:白水社,1991:317.

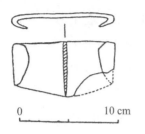

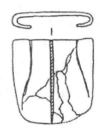

图 6-46　原辻遗址出土的铁锸 1　　图 6-47　铁锸 2　　图 6-48　铁锸 3

(以上三图引自《铁的古代史 1》①)

壹岐市胜本町のカラカミ遗址还出土了弥生时代后期前半至中段的锻造铁器,是一件铁镰(图 6-49)。长约 12 厘米,宽约 3 厘米,一端翻卷折合成銎。属于非封闭型銎。

图 6-49　壹岐市胜本町カラカミ遗址出土的铁镰

(引自《铁的古代史 1》②)

九州中部熊本县的菊地郡大津町有一个西弥护面遗址,时代为弥生时代后期后半至末期。这里出土了 581 件铁器,几乎超过了整个日本列岛出土的弥生时代铁器的总数。出土的铁器除了铁簇、铁手镰、铁斧、铁刀子外,还有种类不明的铁片 377 件。其中,在 173 号住址发现了冶锻铁工房,除了 298 件小铁片外,有铁渣伴出。③ 该遗址出土的锻造铁器较多,同样以农工具为主,择其要整理如下。

铁斧 1(图 6-50)。长 10 厘米左右,宽 3.7 厘米。銎部长 6.5 厘米,宽 3 厘米。銎部为两端竖向翻卷锻打折合而

图 6-50　西弥护面遗址出土的铁斧 1

(引自《铁的古代史 1》④)

① 奥野正男.鉄の古代史 1[M].東京:白水社,1991:317.
② 奥野正男.鉄の古代史 1[M].東京:白水社,1991:317.
③ 奥野正男.鉄の古代史 1[M].東京:白水社,1991:322.
④ 奥野正男.鉄の古代史 1[M].東京:白水社,1991:321.

成,呈椭圆形性。非封闭型銎。

铁斧2(图6-51)。长6.9厘米,刃宽4.9厘米,弧刃。銎部长5.6厘米,銎口宽3.8厘米。銎部为两端竖向翻卷锻打折合而成,椭圆形銎口。但与N7有所不同的是,接缝呈"人字形",銎口略收拢,銎部尾端敞开。属非封闭型銎。

铁斧3(图6-52)。长6.2厘米,刃宽2.9厘米,直刃。銎部长3厘米,宽2厘米。銎部呈椭圆形,銎部锻打折合工艺与N8接近,不同的是上部的接合缝致密,下段敞开。属非封闭型銎。

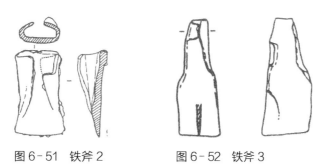

图6-51 铁斧2　　图6-52 铁斧3

(引自《铁的古代史1》①)

铁锸(图6-53)。长9.7厘米,宽3厘米。与原辻遗址出土的铁锸系列有承继关系,非封闭性銎。

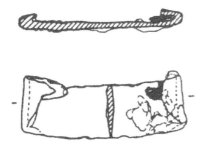

图6-53 铁锸
(引自《铁的古代史1》②)

---

① 奥野正男.鉄の古代史1[M].東京:白水社,1991:321.
② 奥野正男.鉄の古代史1[M].東京:白水社,1991:321.

日本的锻銎铁器也可分为封闭型銎和非封闭型銎两类。除福冈县北九州市长行遗址出土的铁锛外，李京华还举出了另3件弥生时代早期的封闭型銎铁斧。① 非封闭型銎形制不一，原辻遗址出土的铁斧和西弥护面遗址出土的铁斧1的两端翻卷折合，形制较其他非封闭型銎要规整；原辻遗址出土的铁锸和西弥护面遗址出土的铁锸的两端只稍做翻卷折合，銎部敞口较宽；西弥护面遗址出土的铁斧銎部接合处呈"人"字形；壹岐市胜本町カラカミ遗址出土的铁镰只做单侧锻打折合。

从上述资料可以得出以下几点结论：①就日本锻銎铁器的年代来看，弥生时代前期仅零星出现，应是大陆或朝鲜半岛的舶来品。弥生中期至弥生末期大量出现并逐渐取代了石器的地位，客观反映了弥生时代从原始社会过渡到稻作农耕社会时日本对提高社会生产力的需求。因此，早期锻銎铁器在日本的流行年代应该在公元前100年前后至公元250年前后，甚至延续至古坟时代。②非封闭型銎要远远多于封闭型銎，是锻銎铁器的主流。且锻銎技艺是有流变的，銎部由封闭到非封闭，从接合较紧密的銎口到敞开的銎口，体现了工艺由繁到简的过程。③从锻銎铁器类别来看，发现它们的演进序列是清楚的。铁斧出现在弥生时代前期，铁镰流行在前期至中后期，铁锸流行在中期以后。也说明锻銎铁器在发展的过程中不断地扩大应用领域。④从数量来看，铁斧最多，说明其在代替石斧的功能上有着十分重要的作用，是运用最为广泛、实用价值最高的器物。⑤锻銎铁锸是日本特有的铁器，宽敞的銎部与一般的铁器的銎部相比差别比较大，这种形制目前在中国和朝鲜半岛尚未有所见。可以说，日本的锻銎铁器在经过不断地发展后形成了区别于东亚其他地区的独特风格。⑥日本的铁器是弥生时代传入的，彼时没有冶铁业，一直到弥生末期才出现冶铁工坊。在这样的背景下，只能将舶来品和铁材料进行锻造来加工成所需的工具，这也是锻銎铁器在日本列岛得以流行的主要原因。

总之，日本早期锻銎铁器占很大比重，而且在短短一两百年内就发展出了自己的特色，有些形态甚至在中国都找不到完全相同者，在没有金属冶炼

---

① 李京华.试谈日本九州早期铁器来源问题[J].华夏考古,1992(4):106.

基础的条件下能获得如此迅猛的发展着实让人难以想象。

五、结论

学界普遍认为日本的铁器发生是中原铁器向东传播的结果。而笔者认为从日本锻錾铁器的类型和产生年代来看，似乎与越国铁器文化的关系更密切。原因有二，一是朝鲜半岛的锻錾铁器出现的年代与日本几乎为同一时期。金元龙在《韩国考古学概论》一书中指出，朝鲜青铜时代后期（前300年—公元前后）之初中国铁器开始传入，公元前2世纪制铁和铁器生产开始，铁器在青铜器时代后期前段（前3世纪—前2世纪）是铸造的斧、镰等，其后段（前1世纪前后）则是锻造的铁制工具、铁刀等。[1] 潮见浩在《东亚初期铁器文化》中认为，乐浪汉墓出土的铁制武器都是锻制，铁斧、锛等銎部可见接缝者应视作锻造品。[2] 东潮在《东亚铁斧系谱——以古代朝鲜的资料为中心》一文中，明确地将锻銎斧的出现年代推定为汉置乐浪郡时期，即不早于公元前108年。[3] 根据以上研究成果可知，朝鲜半岛出现锻銎铁器的年代当在汉设乐浪郡之后，上限在公元前108年前后。而日本在公元前100年前后就开始逐渐流行锻銎铁器了，可见日本锻銎铁器的传入也许并不是中原—朝鲜半岛—北九州路线。二是从考古分析显示出，越国和日本的锻銎铁器的确存在着一些共同点。比如锻銎铁器中农工具占比较大，非封闭性銎铁器造型多样，有相似的器型如铁斧，也有相似的工艺如单侧锻打翻卷折合的铁镰。从年代来看，越国锻銎铁器流行于公元前4世纪末至公元前3世纪初，秦灭越后，越国人向南方流散，其中一部分渡海到达日本。而日本锻銎铁器在公元前3世纪前后开始出现，流行于公元前100年前后至公元300年前后，由此可以推断，很有可能是越人带去了锻銎技术。这说明中国和日本锻銎铁器的源流关系或许不在于铁器传播本身，而在于锻銎技法。

---

[1] 金元龙. 韩国考古学概论[M]. 首尔：韩国出版社，1996.
[2] 潮见浩. 東アジア初期の鉄文化[M]. 東京：吉川弘文館，1982.
[3] 東潮. 東アジア鉄斧の系譜——古代朝鮮の資料を中心に[J]//森貞次郎博士古稀記念古文化論集：上卷，1982.

日本锻銎铁器产生之初,既没有太多原材料也没有冶铁业,铁器制成品也大多是舶来的一些小型器物,要制作与本土发展水平相适应的铁器只能依靠锻造技术,将有限的铁材或舶来品锻打加工成器,而来自越地的工匠们无疑在其中发挥了巨大的作用。

过去,一些专家也曾提出日本的铁器与越地铁器可能存在一定的关联,然而碍于出土资料的局限性,没能深入探讨这个问题。近几年来,随着绍兴西施山遗址铁器研究的展开,越国铁器渐渐揭开了神秘的面纱,这为我们研究东亚古代铁器交流提供了极为宝贵的资料。可以发现,越人在东亚古代铁器发展交流中发挥了至关重要的作用。他们通过海路到达日本列岛,不但带去了稻作文化,还带去了高超的锻造技术,推动了日本铁器文化的发展。

第七章

越国文化对东亚的贡献

越国文化在东亚的影响大致可以分为对内和对外两方面。越国虽然偏处中国东南一隅,但越国文化传布影响深远,不仅折射到长江中上游的楚国和南方百越地区,促进了汉族和南方一些少数民族的发展,大大丰富了中华民族的文化宝库,还扩展到东南亚及东亚地区,为该地区的经济文化发展做出了巨大的贡献。

第一节　促进古代东亚地区的发展

越国在与其他族群交流的过程中,对我国东南百越地区的影响尤为明显。于越与闽越的文化交流大约在商周时期就相当频繁。比如上海马桥遗址中层发现的鸭形壶,在福建闽侯黄土仑、关泽扬山和建瓯黄槺山遗址也先后出土了鸭形壶,两者器型相似。浙江肩头弄遗址发现长嘴盉,在福建光泽马岭也有出土。以圜底为特征的釜形器是南方新石器时代至商周时期印纹陶文化的代表性器物,它最早出现在浙江的河姆渡遗址,在桐乡罗家角、奉化名山后也有出土。而福建的釜形器最早出现在平潭的壳丘头,其中的花口釜就与浙江地区的花口釜相似。这些考古成果证明了于越与闽越属于同一文化系统。春秋战国时代以后,于越对闽越的影响更加明显,特别是绍兴印山越王允常墓的"人"字坡木椁,这一形制的墓葬在福建武夷山城村牛山也有发现,参与牛山一号贵族墓发掘工作的中国社科院考古研究所专家认为:"这种墓葬形制甚为罕见,目前仅见绍兴印山越王墓一例。由此可初步判定此墓与印山越王墓应有文化传承关系。"①

于越与南越自新石器时代起就有联系,据考证②,石峡文化某些陶器和玉器与江浙良渚文化很相似。战国时代部分越人流入岭南,越文化被融合为南越文化的一部分,其迹斑斑可考。如越地流行鸟崇拜和"鸟田"传说,岭南也有"雒田"传说,根据专家解读,"雒田"即"鸟田",这反映了两地有相似的农耕文化内涵。又如,岭南夔纹陶器上的纹饰,有学者认为,是春秋时期受越地青铜器上的蟠龙纹变异的影响而出现的;岭南米字纹陶器上的纹饰,也是由越地南传而来。此外,广东越秀区农林东路发掘的南越国贵族墓M68,内有两排枋木斜向相互支撑构成"人"字形木椁,与印山越王陵一样"凿山为藏",具有越国高等级贵族山墓葬特色,墓中出土大量越式器,两者高度相似,而广州这座墓要比印山大墓晚300年,这也是于越文化传入南越的一大佐证。

此外,根据音韵学家的研究,于越与骆越在语言上有相似的特点。③《越人歌》中大部分歌词都能在现代壮语中找到,语法与现代壮语语法的基本结构也类似,差异不大。因此,可以说《越人歌》所代表的越语与现代壮语有继承关系,这样的关系是于越文化影响骆越文化的结果。

于越族创造的璀璨辉煌的物质文化和精神文化被百越吸收和继承,因此,中国东南沿海文化体现出一脉相承的特点。物质文化主要反映在:农业以种植水稻为主,并与渔猎畜牧结合,手工业从制造印纹陶到原始青瓷、铸铜冶铁、造船、干栏式建筑、织布等。精神文化主要有:蛇鸟崇拜、墓葬、龙船、凿齿、文身、洪水传说等。可以说越国文化对百越地区产生了绵长和深远的影响,不但推动了广大百越地区经济和文化的大发展,还与该地区的人们共同创造了中国东南沿海丰富多彩的民族文化,为缔造中国海洋文明做出了重要贡献。

---

① 杨琮.近十年来闽越国遗存的考古新发现[C]//蒋炳钊.百越文化研究.厦门:厦门大学出版社,2005:345-346.
② 司徒尚纪.广东文化地理[M].广州:广东人民出版社,1993:30-31.
③ 陈国强,蒋炳钊,吴绵吉,等.百越民族史[M].北京:中国社会科学出版社,1988:370.

部分越人利用他们"习水便舟""以船为车,以楫为马"的技能向日本列岛迁徙,高潮当然发生在越国衰亡之时。从考古文化上看,日本从绳文时代向弥生时代的转变,其核心是社会生产力的提高,主要内容是水稻农耕、金属器文化的传入,这主要是通过汲取中华文明,特别是越国文化实现的。越人渡海登陆日本列岛,在带来稻作文化和青铜器、铁器的同时,还带来干栏式建筑、玉器、鸟蛇信仰、文身习俗等物质和精神文化,形成日本历史上吸收中国文化的第一次大飞跃,从而进入了文明时代。因此,日本弥生文化带有比较浓厚的越国文化色彩,两者在许多方面反映出一定的共性,证明了古代东亚地区文化交流相当密切。

与此同时,地处江南的越国文化也远播到了朝鲜半岛。支石墓与江南土墩墓的关系、桃氏铜剑的越剑源流、鸟信仰与越地鸟崇拜的内在联系,都反映了朝鲜半岛受到越国文化强烈的影响,在固有的文化基因中融入越地因素。越国文化无疑推动了当时朝鲜半岛文明的发展进程。

由此可见,越国文化由内向外发散性地折射、传播,与东亚其他国家与地区一起,逐渐在环中国海区域内创造了富有共同基因的东亚文化。

第二节　在当代东亚文化交流中的作用

数千年来,越国文化作为一种具有鲜明地方特色和深厚人文积淀的区域文化,创造出许许多多为世人瞩目、令今人骄傲的优秀文化成果,有力地推动了东亚地区的经济发展和社会进步,也为中华民族的发展进步做出了独有贡献。今天,在文化、经济和政治相互交融的大背景下,深入研究越国文化的当代意义,是文化研究中的一个重要课题。

越国文化不但为我们留下了丰厚的物质文化遗产,其精神内核更是成为当今浙江地区民族凝聚力和创造力的重要思想源泉。越国文化在曲折中凝练,越地人民经受了自然灾害的考验,经受了历史环境大变动的考验,经过了颠沛流离后烈火重生般的历练,形成了坚不可摧的优秀文化品质。在当代浙江经济社会发展中,越国文化中不畏艰险、筚路蓝缕的开拓精神,鼓励着大家敢于开拓创新,不断开拓国内外市场;卧薪尝胆、自强不息的坚韧精神,激励着大家树立坚定的信念,励精图治、攻坚克难;领导者借鉴长于用计、讲究谋略的经验,重视智库建设和决策咨询工作,不断提高企业的决策管理水平和抵御市场风险能力。总之,发掘和利用好越国文化中的精华,是推动和促进社会经济持续稳定发展的关键。

绍兴人民更是继承和发扬了宝贵的越精神,绍兴凭借深厚的文化根基高分当选 2021 年度"东亚文化之都",这一称号成为绍兴走向国际的又一张金名片。这跨越千年的传承,意味着越国文化具有无限的可持续发展力,它无疑是中华文明、东亚文明的璀璨明珠。"'东亚文化之都'的评选一看自然、人文禀赋;二看城市在日、韩等'世界朋友圈'中的作为;三看城市未来规划,将来能够为东亚的文化交流、文明互鉴作出哪些贡献。"绍兴市委宣传部副部长、市文化广电旅游局局长何俊杰说。目前,大禹遗迹(简称"禹迹")、王阳明、鲁迅、黄酒、书法,成为绍兴的 5 张金名片,在海内外广受称颂。而要使绍兴在"世界朋友圈",特别是"东亚朋友圈"中发挥更为重要的作用,我们应当继续挖掘越国文化这座宝库,让古老而厚重的古越建筑文明、青铜文化、铁器文化、玉石文化重回人们的视野,以文明互鉴的方式唤醒东亚人民共同的记忆,相信共同的文化基因一定能更好地加强当代东亚各国的联系和友好发展。

我们不但要以创新的、发展的、世界的眼光来发扬越国文化,更要返璞归真,将优秀的民族文化传承下去,尤为重要的是要让我们的下一代,广大的大学生、中小学生更加热爱本土文化,人人能讲好绍兴故事,讲好浙江故事,讲好中国故事。

参 考 文 献

［1］张宗祥.越绝书校注[M].北京:商务印书馆,1956.

［2］松本信広.日本の神話[M].東京:至文堂,1956.

［3］郑白云.关于朝鲜使用铁器的起始年代[J].朝鲜学报,1960(17).

［4］大林太良.邪馬台国[M].東京:中央公社論,1977.

［5］陈文华.几何印纹陶与古越族的蛇图腾崇拜——试论几何印纹陶纹饰的起源[J].考古与文物,1981(2).

［6］潮見浩.東アジア初期の鉄文化[M].東京:吉川弘文館,1982.

［7］蒙文通.越史丛考[M].北京:人民出版社,1983.

［8］安志敏.长江下游史前文化对海东的影响[J].考古 1984(5).

［9］越绝书:越绝外传记宝剑[M].上海:上海古籍出版社,1985.

［10］刘致平.中国建筑类型及结构[M].北京:中国建筑工业出版社,1987.

［11］董楚平.吴越文化新探[M].杭州:浙江人民出版社,1988.

［12］辛士成.台湾海峡两岸的古闽越族[M].厦门:厦门大学出版社,1988.

［13］陈国强,蒋炳钊,吴绵吉,等.百越民族史[M].北京:中国社会科学出版社,1988.

［14］陈桥驿.越族的发展与流散[J].东南文化,1989(6).

［15］郑岩.从中国古代艺术品看关于蛇的崇拜与民俗(上)[J].民俗研究,1989(3).

[16] 林华东.越国迁都琅琊辨[J].中央民族学院学报,1989(1).

[17] 吴荣曾.战国、汉代的"操蛇神怪"及有关神话迷信的变异[J].文物,1989(10).

[18] 安志敏.日本吉野里与中国江南文化[J].东南文化,1990(5).

[19] 馬淵久夫,平尾良光.福岡県出土青銅器の鉛同位比[J].考古学雑誌,1990(75).

[20] 大阪府立弥生文化博物館.弥生文化 日本文化の源流[M].東京:平凡社,1991.

[21] 樋口隆康.吴越文化及其对弥生文化的影响[J].蔡小妹,译.东南文化,1991(3,4).

[22] 林蔚文.福建南平樟湖板崇蛇民俗的再考察[J].东南文化,1991(5).

[23] 奥野正男.鉄の古代史1[M].東京:白水社,1991.

[24] 李京华.试谈日本九州早期铁器来源问题[J].华夏考古,1992(4).

[25] 国分直一.日本文化の古層[M].東京:第一書房,1992.

[26] 姜彬.吴越民间信仰民俗[M].上海:上海文艺出版社,1992.

[27] 云翔.战国秦汉和日本弥生时代的锻銎铁器[J].考古.1993(5).

[28] 柳沢一男.古墳時代の鳥霊信仰と他界への導き[J].九州歴史,1995(39).

[29] 吉岡郁夫.文身人類学[M].東京:熊山閣,1996.

[30] 林华东.良渚文化初探[M].杭州:浙江教育出版社,1998.

[31] 金健人.浙江与韩国的历史交往[J].当代韩国,1998(2).

[32] 杨楠.江南土墩遗存研究[M],北京:民族出版社,1998.

[33] 陈桥驿.吴越文化和中日两国的史前交流[J]//陈桥驿.吴越文化丛论.北京:中华书局,1999.

[34] 設楽博己.顯面土偶から顯面絵画へ[R].国立歴史民俗博物館研究報告,1999(3).

[35] 王巍.东亚地区古代铁器及冶铁术的传播与交流[M].北京:中国

社会科学出版社,1999.

[36] 黄宣佩. 福泉山——新石期时代遗址发掘报告[M]. 北京:文物出版社,2000.

[37] 浙江省文物考古研究所,绍兴县文物保护管理局. 印山越王陵[M]. 北京:文物出版社,2002.

[38] 李林娜. 南越藏珍[M]. 北京:中华书局,2002.

[39] 陈勤建. 中国鸟信仰的形成、发展与衍化[J]. 华东师范大学学报(哲学社会科学版),2003(5).

[40] 文日焕. 朝鲜古代鸟崇拜与卵生神话之起源探究[J]. 中央民族大学学报(哲学社会科学版),2003(6).

[41] 毛昭晰. 先秦时代中国江南和朝鲜半岛海上交通初探[J]. 东方博物,2004(1).

[42] 山本芳美. イレズミの世界[M]. 東京:河出書房新社,2005.

[43] 林琳. 论古代百越及其后裔民族的纹身艺术[J]. 广西民族研究,2005(4).

[44] 蔡丰明. 吴越文化的越海东传与流布[M]. 上海:学林出版社,2006.

[45] 吉野裕子. 蛇[M]. 京都:人文書院,2007.

[46] 浙江省文物考古研究所,东阳市博物馆. 浙江东阳前山越国贵族墓[J]. 文物,2008(7).

[47] 刘侃. 绍兴西施山遗址出土文物研究[J]. 东方博物,2009(2).

[48] 林永珍. 吴越土墩墓与马韩坟丘墓的构造比较[J]. 孙璐,译. 东南文化,2010(5).

[49] 吴春明. "南蛮蛇种"文化史[J]. 南方文物,2010(2).

[50] 春成秀爾. 祭祀と呪いの考古学[M]. 東京:塙書房,2011.

[51] 黄建秋. 江南土墩墓三题[J]. 东南文化,2011(3).

[52] 王汇文. 越国原始瓷装饰与蛇图腾意象解析[J]. 史论空间,2011.

[53] 吴春明. 从百越土著到南岛海洋文化[M]. 北京:文物出版社,2012.

[54] 杨建芳.云雷纹的起源、演变与传播——兼论中国古代南方的蛇崇拜[J].文物,2012(5).

[55] 王国平.神人兽面的真相[M].杭州:杭州出版社,2013.

[56] 千勇.浙江大学古代中韩海上交流史研究评述[J].韩国研究,2014(12).

[57] 王海燕.从神话传说看古代日本人的灾害认知[J].浙江大学学报(人文社会科学版),2014(4).

[58] 曹锦炎.鸟虫书通考:增订版[M].上海:上海辞书出版社,2014.

[59] 绍兴博物馆.走进大越[M].上海:上海人民出版社,2014.

[60] 白云翔.从韩国上林里铜剑和日本平原村铜镜论中国古代青铜工匠的两次东渡[J].文物,2015(8):68.

[61] 孙思佳,梁文杰.绍兴迪荡新城出土铁质农工具及其意义[J].绍兴文理学院学报(哲学社会科学),2016(4).

[62] 安田喜宪.日本神话和长江文明[J].程芸海,译.日语学习与研究,2018(2).

[63] 孙思佳.日本的蛇信仰与百越的蛇图腾崇拜考略[J].语言与文化论坛,2020(4).

[64] 浙江通志编纂委员会.浙江通志:越文化专志[M].浙江:浙江人民出版社,2021.

[65] 孙思佳.日本早期文身习俗中越人文身文化的传入与融合[J].中文学刊,2021(6).

[66] 梁文杰.越国铁器冶炼技术及成就[J].绍兴文理学院学报(哲学社会科学),2021(1).

[67] 李国栋.中日远古非文字交流研究[M].上海:上海交通大学出版社,2021.

索　引

A

安志敏　24,87,171,172

B

百越　2-6,10,23,27,28,32,37,38,41-44,53,61,62,65-67,70,71,83,84,90,150,151,159,167,168,171,173,174

C

陈桥驿　21,171,172

D

稻作文化　24,37,38,41,44,45,51,53,55-61,70,85,119,153,166,169

地穴式建筑　84,87

断发　6,8,10-13,28,44,50,62,63,70,90

锻銎铁器　26,151,153,154,156-162,164-166,172

F

坟丘墓　72,91-93,99-101,173

G

干栏式建筑　24,26,59,72,73,79-81,83-85,87-90,168,169

勾践/句践　2-4,6,17,19,20,22,23,31,37,45,49,72,81,82,107,113,119,120,125,127,128,131-134,136,138,147-150

勾玉　115-117

古事记　56,57,63

H

河姆渡遗址　11,15,45-48,79-81,83,103,114,167

J

吉野里遗址　26,57,87,88,

100,176

伎乐铜屋 6-8,50,77,81

镬 137,138,146,150

L

乐浪郡 62,165

良渚文化 11,28,36,47,53,66,70,103,105,114,124,168,172

N

南越王墓 150,157,158

鸟虫书 49,50,107,110,111,128,133,134,174

鸟杆 55-57,61

Q

青铜剑 49,99,111,118,120-122,124-128,130,131,135,148

青铜鸠杖 6,7,12,50,70

黥面土偶 61,62,64,65,172

R

日本书纪 39,41,44,63,114,115,117

S

上林里铜剑 128-130,132,135,174

蛇图腾 27-29,31-33,41,44,66,67,171,173,174

兽面纹 47,48,103,107,110,111,113,135

T

铜铎 56-59,68,70,87,89,118,119

土墩墓 72,91-101,105,110,169,173

W

文身 6,10-13,28,32,50,61-71,168,169,172,174

X

西施山遗址 119,121,124,137,146-151,153,154,157-159,166,173

Y

印山越王陵/印山越王允常墓 72,73,74,75,76,77,78,79,80,82,84,107,108,109,110,111,112,118,119,148,167,168,173

于越 1,3,4,6,10-12,17,21,22,53,59,63,66,77,81,109,112,120,132,135,147,167,168

羽人 47,48,50,51,59-61

索　引

玉石器　29，102，103，105，107-110，113-115，177

原辻遗址　161-164

圆首双箍柱茎剑　131-135

越绝书　4，5，16-19，22，72，73，81，82，118，120，132，138，147-149，171

越王剑　22，49，113，126，128，131，132，135，148，153

后　　记

　　越国文化的对外传播研究,伴随着国内外考古学的发展,已经取得了显著的成果。特别是20世纪80年代日本吉野里遗址的发掘,揭开了我国南方越文化与东亚文化互动的神秘面纱,为探索越文化在东亚的重要地位开创了新局面。然而,由于早期文献史料的缺乏和考古工作的局限,研究还存在着许多不足,尤其在文化渊源关系、越人迁徙的路径、金属器文化的传播等诸多问题上,众说纷纭,有待进一步探讨。

　　本书力求在现有的成果基础上取得更大突破。笔者在前期花了将近4年时间收集资料,除了方志、古籍等文献外,还走访了浙江省内以及海外的各大博物馆和遗址公园,实景拍摄、仔细记录、精心梳理,最终通过严谨的论证阐明了如下观点：

　　(1) 越国文化对外传播的主要途径是海路,这与内陆农耕文明的传播方式有着本质的不同。越国文化在传播上展现出更积极、更开放的特点。

　　(2) 越国文化对东亚的影响广泛而深远。但朝、日对越国文化体现出不同程度的受容,原因在于朝鲜半岛与我国东北部接壤,自古以来北方文化影响根深蒂固;而日本自远古起就不断接纳越族移民,本身就带有相似的文化因素,因而列岛本土文化对越国文化的包容性相对更高。

　　(3) 东亚地区早期文化互动主要通过人群的移动,即移民的形式进行,具有很强的民间性质。其中,拥有超高技艺的越国工匠移民对推动当地文化做出了积极的贡献。

　　本书凝聚了笔者十年来对越国文化深刻的感悟,所探讨的内容都是越国文化的精华，但仍不能称得上是一部完善的著作。文化交流是一个复杂的命题，东亚间的文化互动历史悠久，文化的碰撞远远不止本书讨论的这些内容，还有许多悬而未决的问题。尽管如此，本书在越国铁器的传播、越人蛇鸟信仰的影响、越人玉石器文化的传播等方面做出了较为深入的探索，提出了较为深刻的见解，一定程度上对现有的成果进行了补充。相信越国文化的海外传播是一个值得我们共同关注并持续探讨的话题。

笔者作为浙江省越国文化研究会会员，自2011年起连续参加越文化学会，深感传承传统文化责任巨大、任重道远。为传播越文化，曾多次与浙江省越国文化研究会以及绍兴市越中艺术博物馆合作，面向幼儿园、小学、大学及社会开展越文化公益讲座和各类知识普及活动，还参与创建了浙江省内第一个文博主题"书房"，此文博书房目前为绍兴市柯桥区图书馆文博分馆，旨在让更多的人了解我国优秀的地方文化。2022年8月和11月，笔者以志愿者的身份分别参加了"讲好绍兴故事——全市博物馆讲解员大赛"以及"讲好浙江故事——全省博物馆讲解员大赛"，两场活动除了社会各界的志愿者外，还有许多小学生志愿者参加，大家讲述文物故事、博物馆故事，在越文化的全民普及以及发扬传承方面意义非凡。古代浙江文化灿若星辰，我们有责任重塑其在中华文明史乃至东亚文明史上的地位。本书所做的就是一点尝试。

最后，要感谢绍兴市博物馆、绍兴市柯桥区博物馆、绍兴市越中艺术博物馆以及浙江省越国文化研究会在本书的写作过程中给予的支持与帮助，特别感谢绍兴市越中艺术博物馆梁文杰先生为本书提供了许多宝贵的实物资料，还要感谢浙江省越国文化研究会会长林华东先生在专业上给予的指导。谨以为记！